EL GRAN LIBRO
BOTANERO

EL GRAN LIBRO BOTANERO

80 RECETAS PARA COCINAR COMO UN AUTÉNTICO CHEF EN CASA

CHILANGAS HAMBRIENTAS

Planeta

Diseño de portada: Jorge Garnica / Poetry of Magic
Fotografía de portada: Studio Six / stocksy.com
Imagen de fondo de portada: Stella Caraman / creativemarket.com
Fotografías de interiores: Alejandra Carbajal
Diseño de interiores: Lucero Elizabeth Vázquez Téllez

© 2018, Alexandra Bretón
© 2018, Rocío Gómez

Derechos reservados

© 2018, Editorial Planeta Mexicana, S.A. de C.V.
Bajo el sello editorial PLANETA M.R.
Avenida Presidente Masarik núm. 111, Piso 2
Colonia Polanco V Sección
Delegación Miguel Hidalgo
C.P. 11560, Ciudad de México
www.planetadelibros.com.mx

Primera edición en formato epub: abril de 2018
ISBN: 978-607-07-4913-1

Primera edición impresa en México: abril de 2018
ISBN: 978-607-07-4912-4

Impreso en los talleres de Foli de México, S.A. de C.V.
Negra Modelo No. 4 Bodega A, Col. Cervecería Modelo, C.P. 53330 Naucalpan de Juárez, Estado de México.
Impreso y hecho en México - Printed and made in Mexico

ÍNDICE

07
PRÓLOGO

09
AGRADECIMIENTOS

10
INTRODUCCIÓN

11
CLASIFICACIÓN

13
SE ME QUEMA
EL AGUA

39
SÍ ME SALE LA SOPA
INSTANTÁNEA

81
ENTRO A LA COCINA
SIN CORTARME UN DEDO

133
PODRÍA ENTRAR A UN REALITY
DE COCINA AMATEUR

163
MENJURJES

187
ÍNDICE DE RESTAURANTES

PRÓLOGO

Para recomendar es necesario hacerlo con fe sobre algo que se conoce por experiencia y cuyo resultado ha sido satisfactorio. Pero recomendar un restaurante no se queda ahí. Se deben considerar los varios aspectos requeridos para una gran experiencia que satisfaga nuestros sentidos.

EL SERVICIO

No cualquier lugar te hace sentir en casa, cómodo, en confianza. El servicio debe de ser cercano y familiar; ameno, pero sin caer en confianzas: ser servicial sin llegar al incómodo servilismo. Que te recomienden platillos por la experiencia personal y de otros comensales, y no pretendiendo venderte la opción más cara. El servicio es el intermediario entre la cocina y tú, y gracias a su trato y recomendación podrás decidir mejor qué consumir en un sitio.

EL ENTORNO

Que sea cálido, que te invite a entrar, quedarte; de sillas cómodas y ambiente único en donde el rostro de los demás comensales refleje que están comiendo rico y pasando un buen momento. Los lugares que cuidan los pequeños detalles dan la confianza y seguridad de que todo estará bien.

LA COMIDA

La propuesta del lugar es importantísima. Que el menú sea correcto, incomparable; con opciones interesantes, pero sin caer en pretensiones. Cuidado con las cartas largas y de miles de platillos que seguramente no miman a detalle a cada uno de sus platos.

Cada carta tiene el corazón y el carácter del chef o jefe de cocina que, mediante su trabajo, plasma su emblema y sazón en cada lugar.

Un equipo de cocina que demuestra su sincronía y sinergia, y busca una sola meta en cada servicio: sorprender a nuestro paladar en cada bocado.

Todos estos puntos son importantes para valorar un restaurante. Tiene que ser la suma de muchos elementos —y no sólo servir un plato rico, atenderte bien o crear un lugar lindo— la que proporcione una experiencia única.

Hacer un libro sobre recomendaciones, no cualquiera, y cuando las Chilangas Hambrientas me invitaron a hacer el prólogo, no podía dejar de imaginar las horas de placer comiendo en tantos lugares, expectantes en cada plato, con críticas justas, charlas inmejorables, tragos únicos, postres melosos, cuentas pagadas, algunos kilos bien invertidos y vívidas horas comensal.

Ser un comensal no es fácil, y menos tener el don de caerle bien a todos y que la cocina te consienta de más, pero ustedes lo logran.

Quiero de corazón agradecerles por este trabajo que a miles de nosotros nos hará la vida más fácil cuando queramos escoger una gran experiencia gastronómica.

Chilangas: sólo me queda pedirles un gran favor, por el bien de todos: nunca, pero en serio nunca, dejen de estar hambrientas.

José Ramón Castillo
Maestro chocolatero Que Bo!

QUIÉN ES JOSÉ RAMÓN CASTILLO

Desde 2012, José Ramón Castillo ha sido calificado por Sagarpa como el máximo exponente del cacao mexicano. La universidad de Cergy-Pontoise, en Francia, le otorgó el título de maestro chocolatero de las Américas en reconocimiento a su labor. *Kakaw*, libro en colaboración con Grupo México, fue reconocido en 2010 en los Gourmand World CookBook Awards, de París, con el premio especial World Immaterial Heritage de la UNESCO. La revista *Dessert Profesional* lo incluyó en 2010 en su lista "Top 10 Chocolatiers of North America". Que Bo! es la única chocolatería mexicana en ser reconocida por la guía internacional *Le Guide des Croqueurs de Chocolat* como una de las mejores del mundo.

AGRADECIMIENTOS

Queremos dar las gracias a todas las amazonas y guerreros de los fogones que hacen que crezca nuestro amor por la comida: gracias por contribuir con su sabiduría a que este libro sirva de guía para todos los apasionados por descubrir nuevos sabores. Agradecemos con especial afecto a todos aquellos que corrieron junto con nosotras para hacer este libro posible.

QUIÉNES SON LAS CHILANGAS HAMBRIENTAS

Chilangas Hambrientas es la unión de dos pasiones. Nació como *hobby* y se ha convertido en algo más grande, pues la gente ha entendido que lo que nos interesa es compartir lo que conocemos y nuestras experiencias sin ánimos de calificarlas. Fue gracias a que conocimos a José Ramón Castillo que decidimos clavarnos más y más en todo lo relativo a la experiencia gastronómica.

ROCÍO GÓMEZ

Hasta hace algunos años, no me gustaba compartir la comida: sentía que los demás no la valorarían como yo. Con el paso del tiempo, he aprendido a compartir no sólo la comida, sino la mesa y la experiencia. La comida es un arte, y el acto de comer requiere tener afinados la vista, el olfato, el gusto, el tacto y hasta el oído. Para mí, una buena comida empieza con la expectativa, termina con una buena sobremesa y muchas veces continúa con el recuerdo de cada detalle que disfruté y me sorprendió.

ALEXANDRA BRETÓN

Siempre fui muy cuadrada al comer: no me gustaba experimentar nada nuevo y lo desconocido me aterraba. Gracias a que he conocido a muchas personas que aman comer, he podido adentrarme y abrir mi gusto más y más. Ahora disfruto sentarme en una mesa, experiencia que comparo con una puesta en escena.

Chilangas Hambrientas quiere agradecer a Juan Pablo Montes por su apoyo en la coordinación editorial y fotográfica de este libro. Habría sido imposible terminarlo sin él.

INTRODUCCIÓN

Con este libro buscamos transmitir un poco de lo que nos gusta; de nuestro andar por la Ciudad de México y uno que otro punto de la República Mexicana. Queremos hablar acerca de esas comidas que disfrutamos una y otra vez, que han llenado nuestros días de felicidad.

Cada platillo listado en este libro representa para nosotras una dicha absoluta, y qué mejor que poder reproducir ese sentimiento en nuestra casa. Por eso, presentamos aquí no sólo los restaurantes donde podrás encontrar estos 80 grandes platos, sino también las recetas. Estamos seguras de que les encantará poder transmitir, con su propia sazón, esta dicha a sus amigos y familiares.

🐦 @DFHambrientas
📘 @ChilangasHambrientas
📷 @ChilangasHambrientas
www.chilangashambrientas.com

CLASIFICACIÓN

NIVEL DE DIFICULTAD

SE ME QUEMA EL AGUA

Para gente que no está acostumbrada al entorno de la cocina y que no conoce términos... ni el uso correcto de un cuchillo.

SÍ ME SALE LA SOPA INSTANTÁNEA

Sí cocinas, aunque no de manera frecuente, pero por lo menos conoces lo básico para elaboraciones sencillas sin que explote la estufa.

ENTRO A LA COCINA SIN CORTARME UN DEDO

Cocinas habitualmente, aunque no diario; conoces términos como juliana, *brunoise* y sofreír, además de que usas correctamente el cuchillo.

PODRÍA ENTRAR A UN REALITY DE COCINA AMATEUR

Te gusta cocinar, tienes más de un libro de recetas y, si hacen falta manos, feliz te ofreces a ser el cocinero o ayudante de cocinero en una comida.

OCASIÓN　　　¿POR QUÉ LO ELEGIMOS?

SE ME QUEMA EL AGUA

—

FOTOGRAFÍA DE
MICHELLE BURGOS

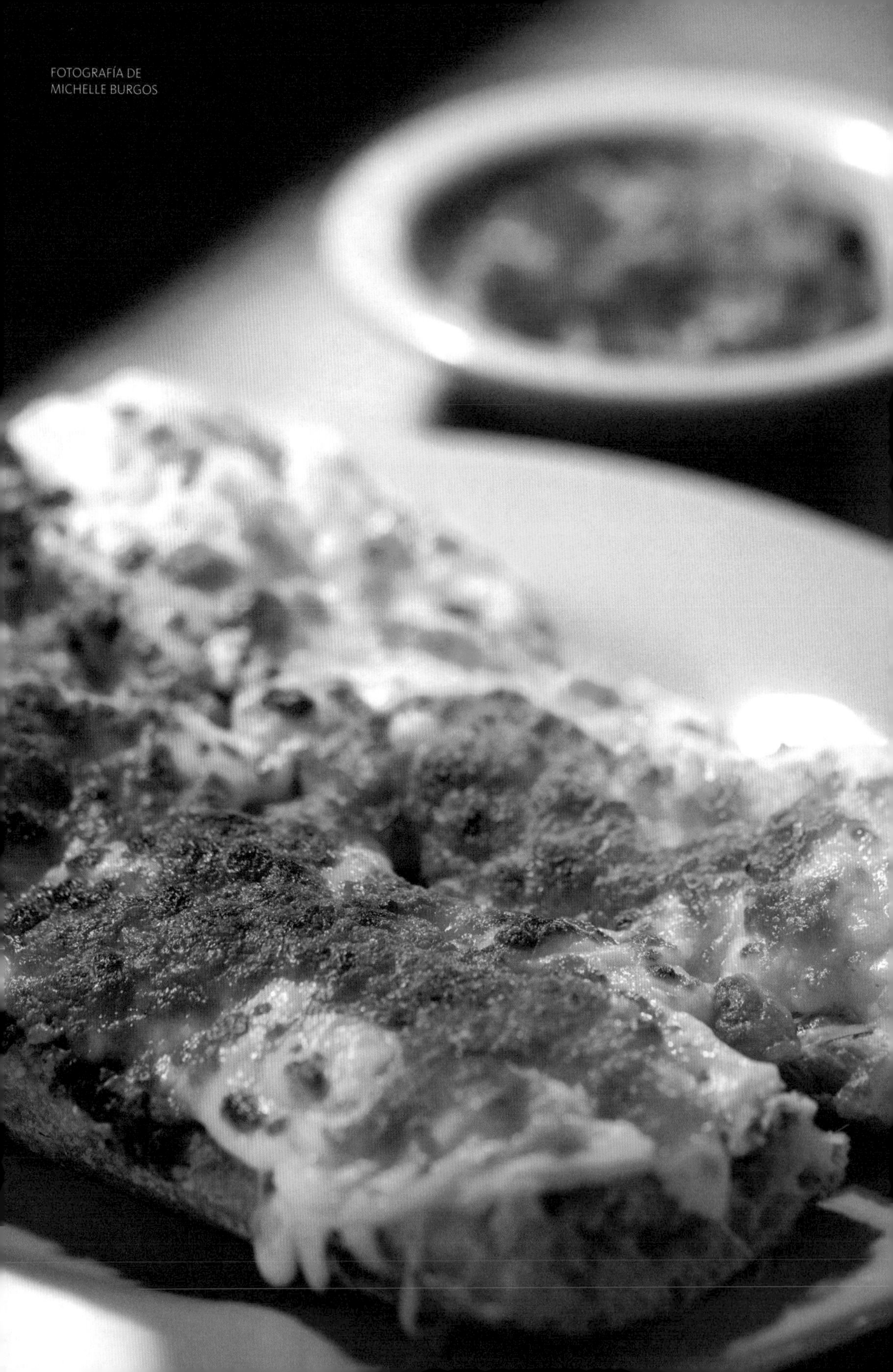

MOLLETES DE 3 QUESOS

ENO × ENRIQUE OLVERA

240 g de baguette • 100 g de frijol refrito • 60 g de queso de cabra
100 g de queso Oaxaca • 40 g de queso manchego de oveja • 40 g de pico de gallo

1. Corta la baguette a la mitad y unta los frijoles refritos en ambas mitades.
2. Coloca el queso de cabra, el queso Oaxaca y por último el manchego de oveja, procurando que cubran toda la superficie.
3. Mete al horno y espera a que se derrita el queso.
4. Sirve en un plato extendido y acompaña con el pico de gallo.

Se me quema el agua

Para un desayuno tranquilo, pero sabroso.

Muchos lugares tienen su propia manera de hacer molletes. Algunos les ponen chorizo y otros hasta chilaquiles. Para nosotras, los mejores de la Ciudad de México son los de Eno. Pero ¿qué los hace tan especiales? La mezcla de tres quesos es la razón: manchego de oveja, cremoso de cabra y quesillo de vaca. Repliquen esta receta y estamos seguras que su opinión de este clásico dominguero cambiará para siempre.

¿SABÍAS QUE?

—

El chef Olvera usa sólo producto mexicano, clave de la calidad de este platillo, pues los quesos son en su totalidad de pequeños productores.

GUACAMOLE NACIONALISTA

DULCE PATRIA ✕ MARTHA ORTIZ

60 g de cebolla blanca picada • 160 ml de jugo de limón • 280 g de aguacate
40 g de cilantro picado • 30 g de chiles serranos despepitados y picados, o al gusto
10 g de granos de granada roja • 20 g de requesón • Sal y pimienta al gusto

PARA ACOMPAÑAR:
Tortillas de maíz fritas cortadas en triángulos
Pan árabe dorado cortado en triángulos • Trozos de tlayudas

FOTOGRAFÍA DE
MICHELLE BURGOS

1. Antes de preparar el guacamole, desflema la cebolla en el jugo de limón durante media hora.
2. Escurre y reserva.
3. Para el guacamole: machaca cuidadosamente el aguacate en un tazón o molcajete.
4. Incorpora el cilantro, la cebolla desflemada y el chile serrano.
5. Sazona con sal y pimienta.
6. Sirve en un plato profundo y decora el guacamole con la granada y el requesón; añade también totopos de maíz, pan árabe y tlayudas, y sirve los que sobren en otro plato.

Se me quema el agua, o en palabras de la chef: "esta preparación es tan fácil como vestirse ya sea de rojo, de blanco o de verde".

La chef lo sugiere para cualquiera, pero, a decir de ella, es "especialmente delicioso después de haber escuchado el Himno Nacional". Así que es perfecto para elevar un poco esa botana que sacan para sus reuniones o partidos, vistiéndola con la elegancia que caracteriza a Dulce Patria.

El guacamole es uno de nuestros estandartes mexicanos por excelencia: a todos puedes conquistar y va con todo. Ahora, así como lo consideramos un ícono de nuestras raíces, quisimos seleccionar uno que fuera de la mano con la elegancia que, creemos, tiene el guacamole. El Guacamole Nacionalista de la chef Martha Ortiz de Dulce Patria viste símbolos muy mexicanos, pues va con granada y requesón.

"En el caso del guacamole pensé en las Tres Garantías, que en este caso son belleza, sabor y textura. También en un juego con los colores nacionales y uno de mis ingredientes preferidos, que es la granada".

TOSTADA DE HUACHINANGO

HUSET ✕ MAYCOLL CALDERÓN

VINAGRETA

60 g de hongos de lluvia (pambazos) cortados en cubos pequeños
135 g de aceite de uva • 50 g de jengibre rallado
30 g de cebolla roja cortada en cubos muy pequeños
50 g de salsa de soya reducida en sodio • 160 g de vinagre de arroz japonés
10 ml de jugo de limón fresco • 10 ml de jugo de naranja o mandarina fresco
2 g de chile de arnoldo cortado en cubos muy pequeños
16 g de sal • 110 ml de aceite de oliva extra virgen • 24 ml de aceite de ajonjolí

GUACAMOLE

250 g de aguacate maduro • 30 ml de jugo de limón fresco
30 g de jalapeño cortado pequeño • 30 g de cebolla roja cortada en cubos pequeños
8 g de cilantro cortado pequeño

TOSTADA

4 tostadas de maíz • 400 g de huachinango en tiras de sashimi
2 rábanos rojos cortados en cubos pequeños • 4 g de cilantro cortado pequeño
4 g de menta cortada pequeña

FOTOGRAFÍA DE
ROBERTO BELTRÁN

1. Para la vinagreta: cocina los hongos en el aceite de uva por 2 minutos. Añade el resto de los ingredientes y reserva.
2. Para el guacamole: mezcla todos los ingredientes asegurándote de que la pulpa del aguacate se desbarate lo más posible y reserva.
3. Para montar la tostada: unta la tostada con el guacamole. Encima añade las tiras de sashimi de huachinango. Pon un poco de rábano y 3 cucharadas de vinagreta. Termina con el cilantro y la menta.

Se me quema el agua

La tostada de huachinango, hongos de lluvia, vinagreta de cítricos, aguacate, rábano, cilantro y menta (ése es su nombre completo) es un plato divertido para cualquier ocasión. Si quieres impactar con algo que parece más complejo de lo que es, éste es el plato ideal.

Huset es de esos lugares donde te preguntas cómo los vegetales pueden ser tan ricos. Ya sea por la frescura de sus productos o la simpleza de sus platillos, es parada obligada. Esta tostada es casi perfecta: nunca se romperá y el balance de ingredientes es de ensueño. Esa es la premisa de Maycoll Calderón: "Todo empieza con una idea y un ingrediente... La mejor parte de mi trabajo es darle un platillo a un comensal. Esa sensación de no saber si le va a gustar es de mucho nervio. Hacerlo bien es una de las sensaciones más bonitas".

"En esta receta tienes todas las sensaciones que uno puede tener en boca, desde el uso de las texturas con la tostada, guacamole, rábanos crujientes y la untuosidad del mismo pescado, hasta sabores de sal, dulce, ácido y amargo llegando a un umami casi perfecto", comenta el chef Maycoll.

CEVICHE CINCO ELEMENTOS

ASTRID Y GASTÓN ✕ YÉRIKA MUÑOZ

FONDO DE PESCADO

450 g de esqueleto de pescado • 175 g de apio • 25 g de jengibre
300 g de cebolla blanca • 10 l de agua

LECHE DE TIGRE CLÁSICA

300 g de pescado, de preferencia huachinango • 190 g de apio sin hojas
187 g de corazones de cebolla roja o morada • 12 g de ajo
10 g de chile manzano; no sustituir por habanero • 15 g de jengibre
5 kg de limones enteros (o unos 710 ml de jugo de limón)
1.37 kg de fondo de pescado • 33 g de sal • 10 g de hojas de cilantro

PARA EL CEVICHE

120 g de pescado, de preferencia filete de huachinango
1 g de cilantro, cortado en *chiffonade* (tiritas largas y delgadas)
100 g de leche de tigre clásica • 50 g de cebolla roja en juliana; una vez cortada,
lávala sólo con agua tres veces • 1 chile habanero entero • Sal al gusto
1 cubo de hielo • 2 g de chile cuaresmeño en rodajas
20 g de camote amarillo cocido y sin cáscara • 30 g de grano de elote cocido
3 g de chile manzano en cuadritos • 1 hoja de cilantro

FOTOGRAFÍA DE
MICHELLE BURGOS

1. Para el fondo de pescado: pon en una olla grande todos los ingredientes, deja que hierva y que reduzca un poco. Deja enfriar y si se va a usar mucho después, congélalo.

2. Para la leche de tigre: parte los limones por la mitad y saca el jugo manualmente, pero sólo hasta la mitad para que la cáscara no amargue el jugo (puedes preparar agua de limón con el resto). Licúa el jugo y el resto de los ingredientes, excepto el cilantro. Agrega al último el cilantro y licúalo prendiendo y apagando la licuadora rápidamente. Cuela y reserva en el refrigerador.

3. Para el ceviche: corta el pescado crudo en cubos de 2 cm aproximadamente. Frota la colita del chile habanero en el tazón donde luego colocarás pescado, sal, leche de tigre clásica, chile habanero en cuadros chiquitos, cebolla en juliana y un cubo de hielo. Mezcla bien y retira el hielo. En tres tazones pequeños pon: camote, elote y chile manzano picado. En un tazón frío de vidrio pon el ceviche y decora con una rodaja de chile cuaresmeño y la hoja de cilantro.

Se llama "Cinco elementos" porque juega con la base de la gastronomía peruana: leche de tigre, robalo, cebolla, camote y elote.

Se me quema el agua

Es un platillo muy versátil, con una gran variedad de ingredientes que se puede disfrutar en cualquier momento. Es el platillo perfecto para compartir en un día soleado, pero también una entrada que se puede servir en cualquier momento, o para consentir a tu pareja si quieres preparar una cena rápida, saludable y muy original.

Perú es de nuestras gastronomías favoritas, y Astrid y Gastón la sabe hacer muy bien. Ojo, la leche de tigre es la base de este plato. Se trata de una especie de salsa que le da vida al ceviche y le da ese toque ácido. Al respecto, la chef Yérika Muñoz cuenta: "La mejor anécdota que tengo con la leche de tigre es un extranjero que me preguntó, cuando le conté el platillo, si teníamos al tigre en el restaurante o comprábamos la leche. ¡Nunca se me va a olvidar!".

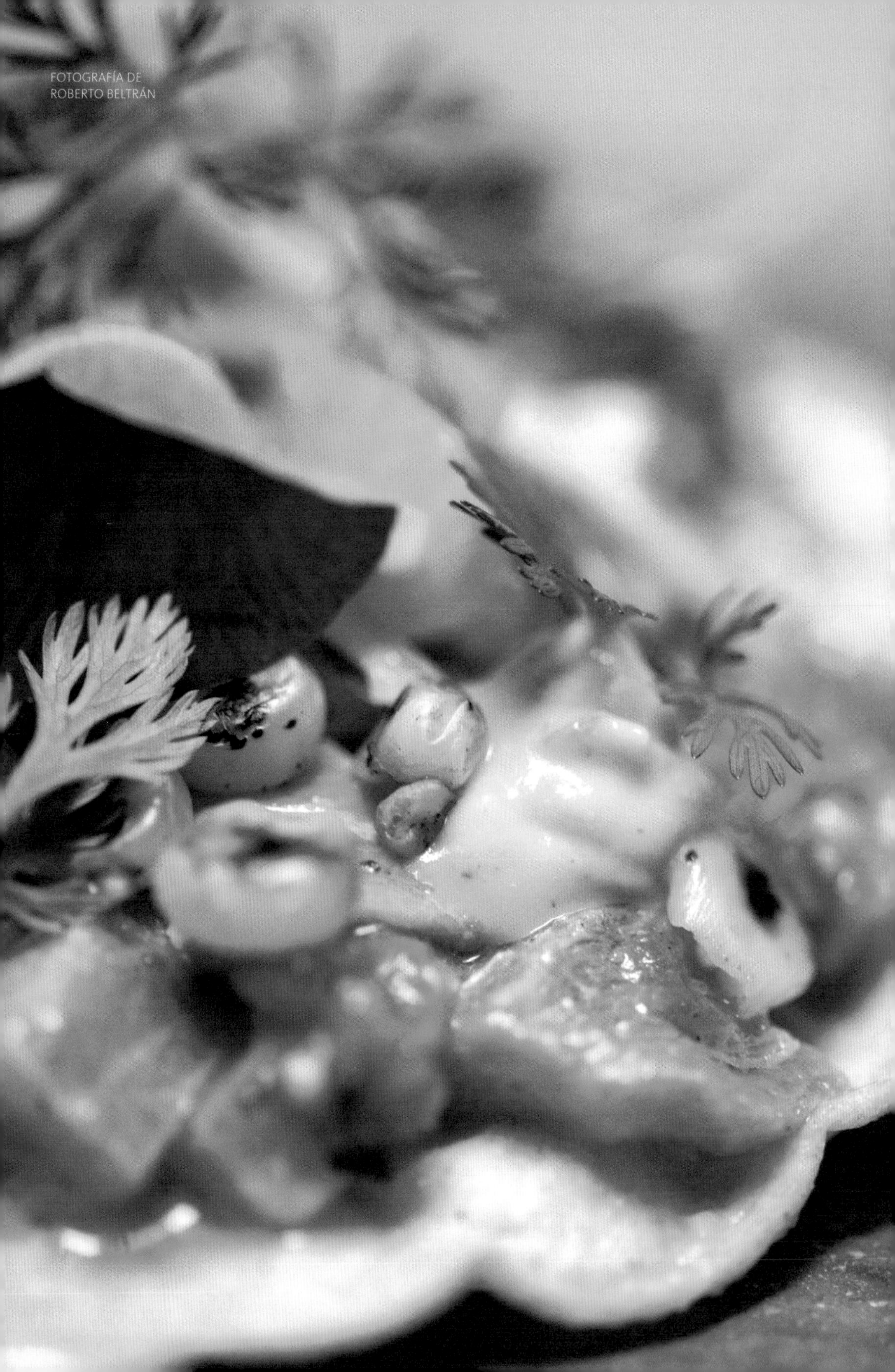

FOTOGRAFÍA DE
ROBERTO BELTRÁN

AGUACHILE DE PESCADO

POLEO ✕ RODOLFO CASTELLANOS

4 tostadas • 1 aguacate • Aceite de oliva al gusto
300 g de pescado fresco de tu elección en trozos • 3 tomates riñón
2 chiles de agua • 1 diente de ajo • 3 limones verdes con semilla
Sal de grano al gusto • Cilantro criollo al gusto • Jitomate cherry o cuatomates
Elote desgranado, cocinado y asado

1. En un anafre o parrilla de carbón tatema los chiles de agua; colócalos dentro de una bolsa de plástico y déjalos sudar. Retira la piel y las semillas. Asa los jitomates riñón en el mismo anafre hasta que tomen un color uniforme. En un molcajete martájalos con medio diente de ajo y una pizca de sal de grano. Trocea los chiles, integra con los jitomates y sigue moliendo hasta obtener la consistencia deseada. Sazona con sal de grano y agrega el jugo de dos limones, evitando las semillas. Reserva. Corta la lonja de pescado en cubos uniformes de un centímetro, sazona con sal de grano y exprime el jugo de un limón. Agrega la salsa de jitomate y chiles y mezcla bien. Asa los jitomates cherry un poco y separa.

2. Dispón la preparación sobre las tostadas; encima coloca un poco de cilantro criollo, jitomates cherry y granos de elote. También puedes ponerle un poco de aceite de oliva y rodajas de aguacate.

Se me quema el agua.

Para el calorcito con una buena cerveza artesanal oaxaqueña.

Jugando a estar en un escenario paradisiaco, algo así como algún lugar de la costa de México, este platillo te transportará de inmediato a esas anheladas vacaciones. Lo podemos maridar con un buen vino blanco o una cerveza tal como lo recomienda el chef Rodolfo Castellanos.

"Cuando lo preparo pienso en la costa oaxaqueña y en los sabores emblemáticos de mi tierra. Es una receta sencilla, pero de mucho sabor", dice Rodo.

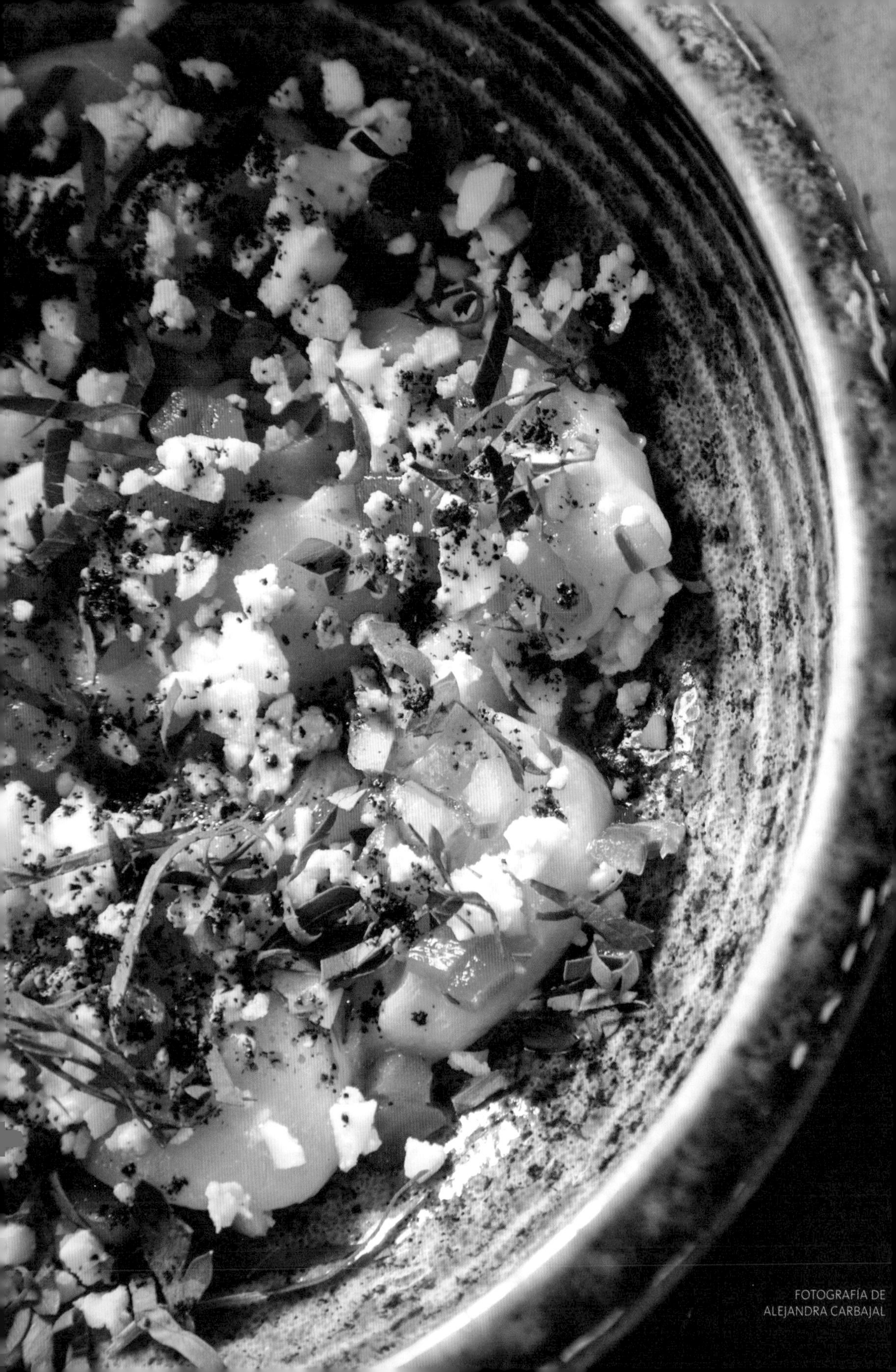

FOTOGRAFÍA DE
ALEJANDRA CARBAJAL

CALLO EN ESCABECHE

AMAYA ✕ JAIR TÉLLEZ

400 g de callo de hacha fresco • 50 g de cebolla morada picada
100 g de pimientos del padrón • 40 g de perejil • 50 ml de aceite de oliva virgen
20 ml de vinagre de jerez • 1 huevo duro

1. En una sartén con un poco de aceite de oliva fríe los pimientos del padrón; reserva. Rebana el callo de hacha en rodajas delgadas; coloca en un tazón y salpimenta. Añade la cebolla, el perejil, el resto del aceite y el vinagre; mezcla todo bien. Acomoda la preparación en un plato, ralla el huevo duro encima. Arriba de todo pon los pimientos del padrón.

Se me quema el agua

Para empezar, para botanear, para compartir.

Estamos acostumbrados a comer el callo de hacha fresco en un rico coctel o en ceviche, así que el chef Jair Téllez le da la vuelta a esta idea. Su receta demuestra que no hace falta hacer platos con elaboraciones muy complicadas para comer delicioso. Para el calorcito, este callo en escabeche es una excelente entrada si lo acompañamos como lo recomienda el chef: "Con una cerveza. O dos".

"Siempre busco que al hacer una preparación, el ingrediente sea el que resalte. Un día nos llegó un callo de hacha fresco de Sinaloa; yo lo quería crudo, pero que no fuera ceviche ni aguachile", expresa Jair.

CEVICHE CONTRAMAR

CONTRAMAR ✕ GABRIELA CÁMARA

CEBOLLA DESFLEMADA
50 g de cebolla morada fileteada • 45 ml de jugo de limón
30 ml de vinagre blanco • Sal al gusto

CEVICHE
600 g de pescado peto en cubos • 50 g de ajo • 50 g de chile serrano en tiras
250 ml de jugo de limón • 50 g de cebolla desflemada
20 g de chile manzano en rodajas • 5 g de cilantro • Sal al gusto
Pimienta al gusto • Totopos y tostadas para acompañar

1. Para la cebolla desflemada: marina las cebollas en jugo de limón y vinagre blanco por 30 minutos. Sazona con sal.

2. Para el ceviche: en un tazón marina pescado, apio y chile serrano en jugo de limón por 10 minutos. Salpimenta. Sirve en un platón y decora con la cebolla desflemada, chile manzano y cilantro. Acompaña con totopos o tostadas. Nota: puedes sustituir el peto por algún otro pescado de carne firme y blanca, como el dorado o la sierra.

Se me quema el agua

Para una comida, como una entrada ligera.

Gaby Cámara reafirma con este platillo que la cocina no tiene que ser complicada ni sofisticada para que sea muy rica. Si quieres recrear a la perfección este plato, creemos que es clave que el producto que uses sea el más fresco. En 15 minutos tendrás un gran platillo fresco que te transportará a Perú o a una playa de inmediato.

"Este ceviche lo hice regresando de Perú, viaje al que fui con varios cocineros de Contramar y del cual regresamos inspiradísimos", cuenta Gabriela.

AVOCADO TOAST

LALO! ✕ EDUARDO GARCÍA

VINAGRETA DE HIERBAS
¼ de cebolla morada finamente picada
20 g de hojas de estragón fresco finamente picadas
20 g de hojas de eneldo fresco finamente picadas
50 g de hojas de perejil fresco finamente picadas
¼ de taza de vinagre de vino blanco • ¼ de taza de vinagre de vino tinto
¼ de taza de jugo de limón amarillo • ¼ de taza de aceite de oliva extra virgen
Sal al gusto • Pimienta al gusto

SALSA VERDE
5 tomates verdes • 1 manojo de cilantro
1 chile serrano • ¼ de aguacate grande • Sal al gusto

FOTOGRAFÍA DE
CHARLY RAMOS

AVOCADO MASH

½ aguacate grande • 1 cucharada de salsa verde • Sal al gusto
Pimienta al gusto • Aceite de oliva al gusto

AVOCADO TOAST

1 rebanada de pan campesino tostado • Mix de lechugas
10 jitomates cherry en mitades • Avocado mash • Salsa verde • Vinagreta de hierbas

1. Para la vinagreta de hierbas: mezcla todos los ingredientes en un tazón y aparta.
2. Para la salsa verde: licúa todos los ingredientes y conserva.
3. Para el avocado mash: con un tenedor mezcla el aguacate, salsa verde, sal, pimienta y un chorrito de aceite de oliva.
4. Para el avocado toast: mezcla en un tazón los jitomates, el mix de lechugas y la vinagreta de hierbas. Coloca el avocado mash sobre el pan campesino y encima la mezcla del tazón.

Se me quema el agua

Acompañado con un huevo es un buen desayuno; con salmón ahumado o prosciutto di Parma es una excelente comida.

Sí, sí: el aguacate se hizo hipster y ya es broma para todos, pero la realidad es que este toast ha estado en la carta aún antes de estar a la moda o de que se convirtiera, por unos días, en el caviar mexicano por el precio al que llegó. Amamos un buen pan y, si a esto se le suma el producto de ensueño, resulta el platillo ideal para desayunar o también el inicio de una comida o cena.

"Hace dos años se hizo tendencia gastronómica el toast de aguacate. En México tenemos el mejor aguacate del mundo y por eso hicimos el mejor toast", explica Lalo

FOTOGRAFÍA DE
ALEJANDRA CARBAJAL

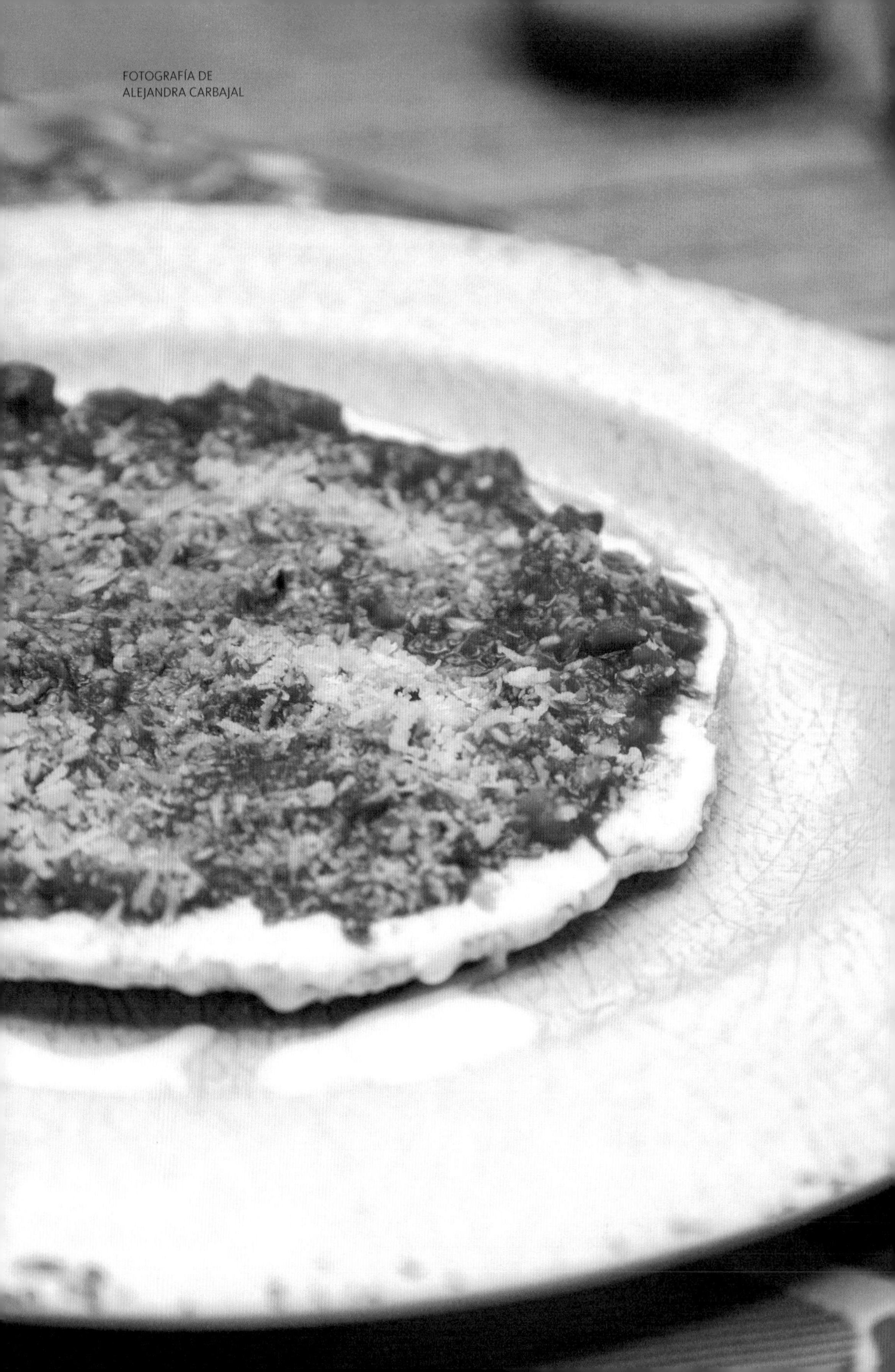

TOSTADA DE CHICHARRÓN PRENSADO

JOSÉ GUADALUPE, PLATOS DE CUCHARA
✕
ZAHIE TÉLLEZ

1 kg de chicharrón prensado al natural • 1 bolsa de tostadas
100 g de chile guajillo • 20 g de chile de árbol • ½ cebolla • 2 dientes de ajo
Orégano al gusto • 250 g de jitomate • Crema ácida al gusto • Queso Cotija al gusto

1. Asa y desvena los chiles; hidrátalos y muélelos en una licuadora con un poco de agua, cebolla, ajo, orégano, jitomate y un poco de sal. En una olla pon un poco de aceite y agrega la mezcla anterior. Una vez que hierva, baja el fuego y déjala unos 20 minutos hasta que se cueza. Agrega el chicharrón prensado y mezcla muy bien para que todo se integre; deja otros 15 minutos. Sirve una porción abundante en cada tostada; arriba va la crema ácida y el Cotija.

Se me quema el agua

¡A cualquier hora! Es tan sabrosa que se antoja a cada rato.

Todos los que estudiaron en el ITAM conocen los tacos de Jovita y seguramente pidieron más de una vez la quesadilla de chicharrón prensado. Así fue como la chef Zahie Téllez, de José Guadalupe, Platos de Cuchara, se inspiró para esta tostada. Con su receta podremos preparar una que esté a la altura de cualquier mercado o de tu platillo favorito con chicharrón prensado.

"Esta preparación me recuerda a las gorditas de mi Mazatlán querido, aunque en ese tiempo sólo se comía el asiento, lo que queda de las carnitas, porque en Mazatlán no se conocía el chicharrón prensado", comenta Zahie, quien recuerda su infancia con esta tostada.

MAC AND CHEESE

QUESERÍA DE MÍ ✕ ÁNGELA SOSA

BECHAMEL DE QUESOS

60 g de mantequilla • 50 g de harina de trigo
500 ml de leche entera • 125 g de queso Cheddar rallado
125 g de queso Grana Padano rallado • 100 g de queso Asiago rallado
1 pizca de nuez moscada • Sal al gusto • Pimienta al gusto

MAC AND CHEESE

2 ½ tazas de salsa bechamel • 400 g de pasta tipo macarrón o codito
40 g de mantequilla • 25 g de queso Gruyère rallado • 25 g de queso Gouda rallado
30 g de queso Cheddar rallado • Pan molido

FOTOGRAFÍA D
ALEJANDRA CARBAJA

1. Para la bechamel de quesos: pasa la harina por un chino fino para que no haya grumos y reserva. Derrite la mantequilla en una olla a fuego bajo cuidando que no se queme. Una vez caliente, agrega la harina y bate con una cuchara de madera hasta que tengas una mezcla homogénea. Cuece la mezcla por aproximadamente 5 minutos a fuego bajo y moviendo constantemente para que no se queme. Cuando la mezcla empiece a sacar burbujas y cambie de color es momento de añadir poco a poco la leche; sigue moviendo constantemente para evitar grumos. Sazona con sal, pimienta y nuez moscada. Deja cocinar por 5 minutos más y en movimiento constante. Una vez que la salsa haya espesado, retírala del fuego y agrega los quesos rallados con movimientos envolventes para que se derritan.

2. Para el mac and cheese: cuece la pasta en agua hirviendo con sal hasta lograr la cocción deseada (tip: cuando la pasta está al dente, si la tiras contra la pared se pegará). Unta un refractario con mantequilla y vacía la salsa bechamel de quesos en el mismo; añade la pasta cocida con un poco del agua de la cocción y revuelve para que toda la pasta se mezcle con la salsa. Corona con los quesos combinados y el pan molido. Hornea a 200° hasta que los quesos se gratinen y el pan molido se tueste. Sirve.

Se me quema el agua

Buena entrada para compartir o para que te lo comas solo si eres amante de lo quesoso y no quieres darle a nadie.

El mac and cheese es genial para un capricho decadente. La chef Ángela Sosa, de Quesería de mí, nos da su versión, donde no se limita a un solo queso. Eviten el mac and cheese del súper y mejor preparen este delicioso plato.

"Se trata de algo sin complicaciones porque nos encanta cocinar comida así todos los días. Lo creamos como una alternativa a otras opciones que hay en México, con un solo sabor de queso amarillo. El nuestro tiene otros sabores y la textura perfecta", comenta Ángela.

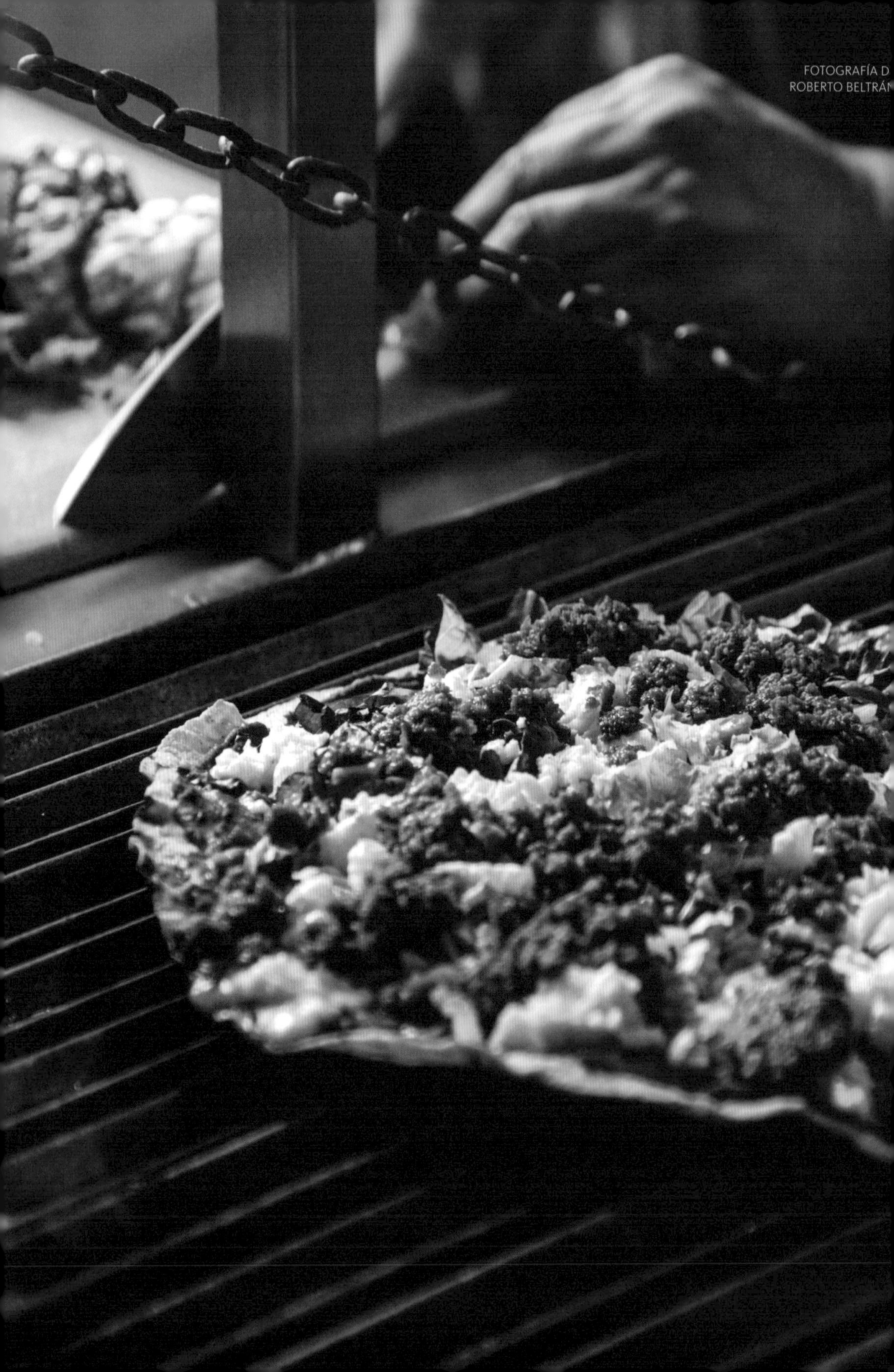

FOTOGRAFÍA D
ROBERTO BELTRÁN

TLAYUDA

BARRA ALIPÚS TLALPAN
✕
ISRAEL GARCÍA SÁNCHEZ

1 tlayuda • 50 g de asiento de cazuela (pídela en los lugares donde preparan carnitas)
120 g de frijol frito • 130 g de lechuga romana • 130 g de queso Oaxaca
100 g de tasajo frito

1. Asa el tasajo, corta en pedacitos y separa.
2. Calienta la tlayuda en un comal grande, úntale el asiento de cazuela y los frijoles.
3. Agrega lechuga, queso Oaxaca y tasajo.
4. Dobla por la mitad y déjala en el comal hasta que el queso se derrita por completo; cámbiala de lado para que se dore, pero no se queme. Parte en cuantos trozos necesites para compartir con tus amigos y recuerda tener siempre un mezcal a la mano.

Se me quema el agua. El secreto está en saber usar ingredientes de Oaxaca.

Siempre va bien con un mezcal y los amigos.

Si pensamos en comida oaxaqueña, seguramente viene a nuestra mente una gigante y quebradiza tlayuda. El chef Israel García Sánchez, de Barra Alipús Tlalpan, nos comparte su versión y recomienda maridarla con un buen mezcal. Es una receta muy simple, pero excelente para una buena comida con amigos.

"Amo este platillo porque representa lo mejor de nuestra tierra. Es un verdadero clásico de la cocina oaxaqueña. Se busca transportar a quien lo pruebe a Oaxaca, en cada mordida, como si lo estuvieran comiendo en un mercado", cuenta Israel.

FOTOGRAFÍA DE
ROBERTO BELTRÁN

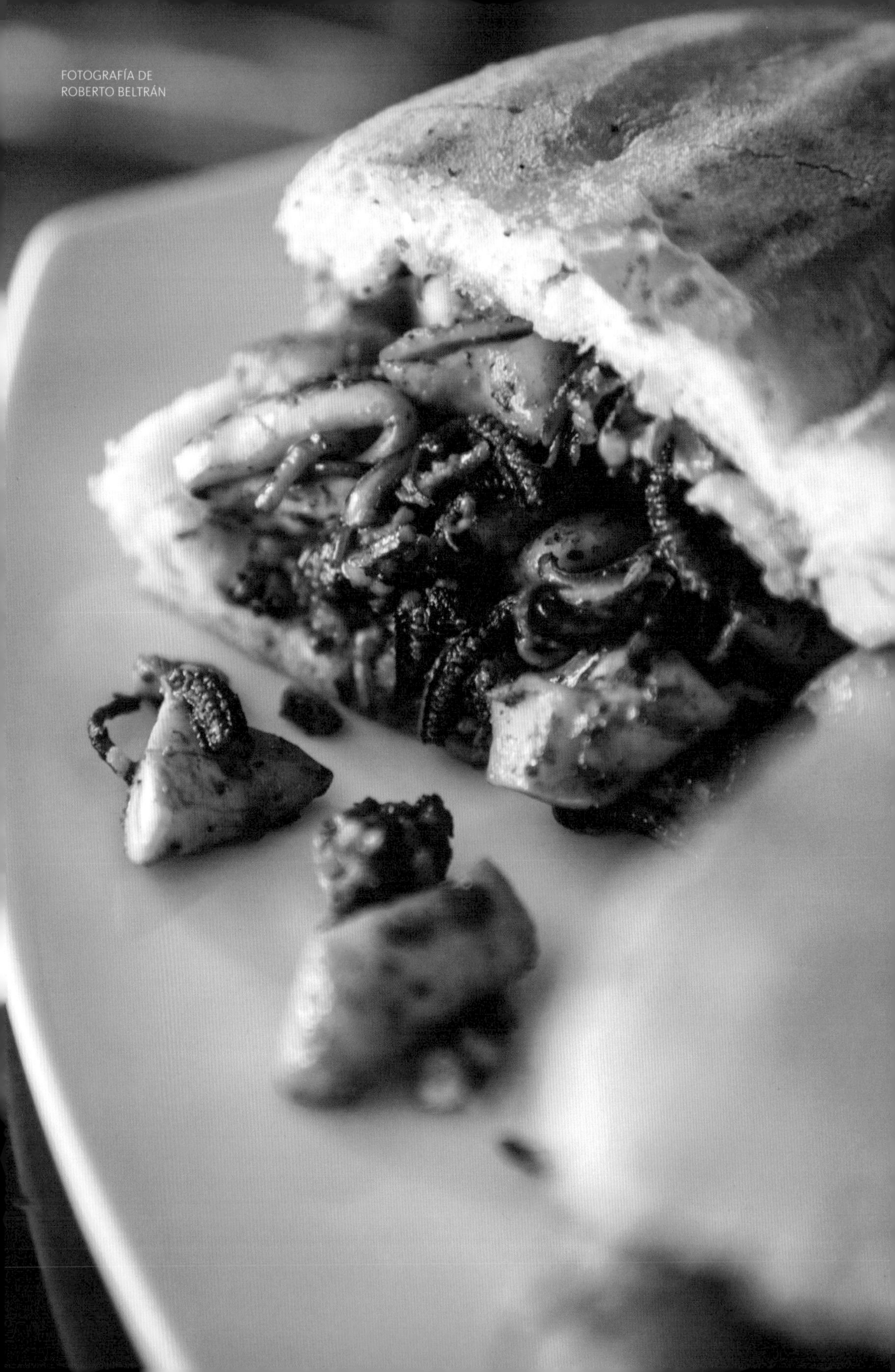

TORTA DE CALAMAR

LA BARRACA VALENCIANA
✕
JOSÉ MIGUEL GARCÍA

1 kg de calamar limpio cortado en trozos • 200 g de pimiento rojo en cubos pequeños
200 g de cebolla blanca en cubos pequeños • 50 g de ajo picado finamente
100 g perejil en tiritas finas • Sal al gusto • Aceite de oliva al gusto
Pimienta blanca al gusto • Mayonesa con ajo al gusto
4 teleras • 2 aguacates

1. Calienta una sartén con aceite y sofríe la cebolla hasta que se transparente un poco. Agrega el ajo y pimiento; una vez que se cocinen un poco, agrega calamar y perejil y cocina unos 5 minutos aproximadamente. Sazona al gusto y reserva.
2. Corta las teleras a la mitad, unta la mayonesa y el aguacate con un cuchillo. Finalmente rellena con el sofrito de calamar. Cierra la torta y dale una buena mordida.

Se me quema el agua

Las tortas son para cualquier hora.

Las tortas suelen ser simples, pero esta torta —aunque de preparación fácil— es sofisticada por sus ingredientes. El chef José Miguel García, de La Barraca Valenciana, se inspiró en "los aromas que se captan por las calles de Madrid". En este caso, no tenemos que ir hasta España para captarlos y saborear la comida española en una torta.

"Quería una torta golosa, de esas que les das una mordida y quieras darle otra. Me recuerda a esos aromas que se captan en Madrid: ajo, aceite y calamares", comenta José Miguel.

SÍ ME SALE LA SOPA INSTANTÁNEA

——

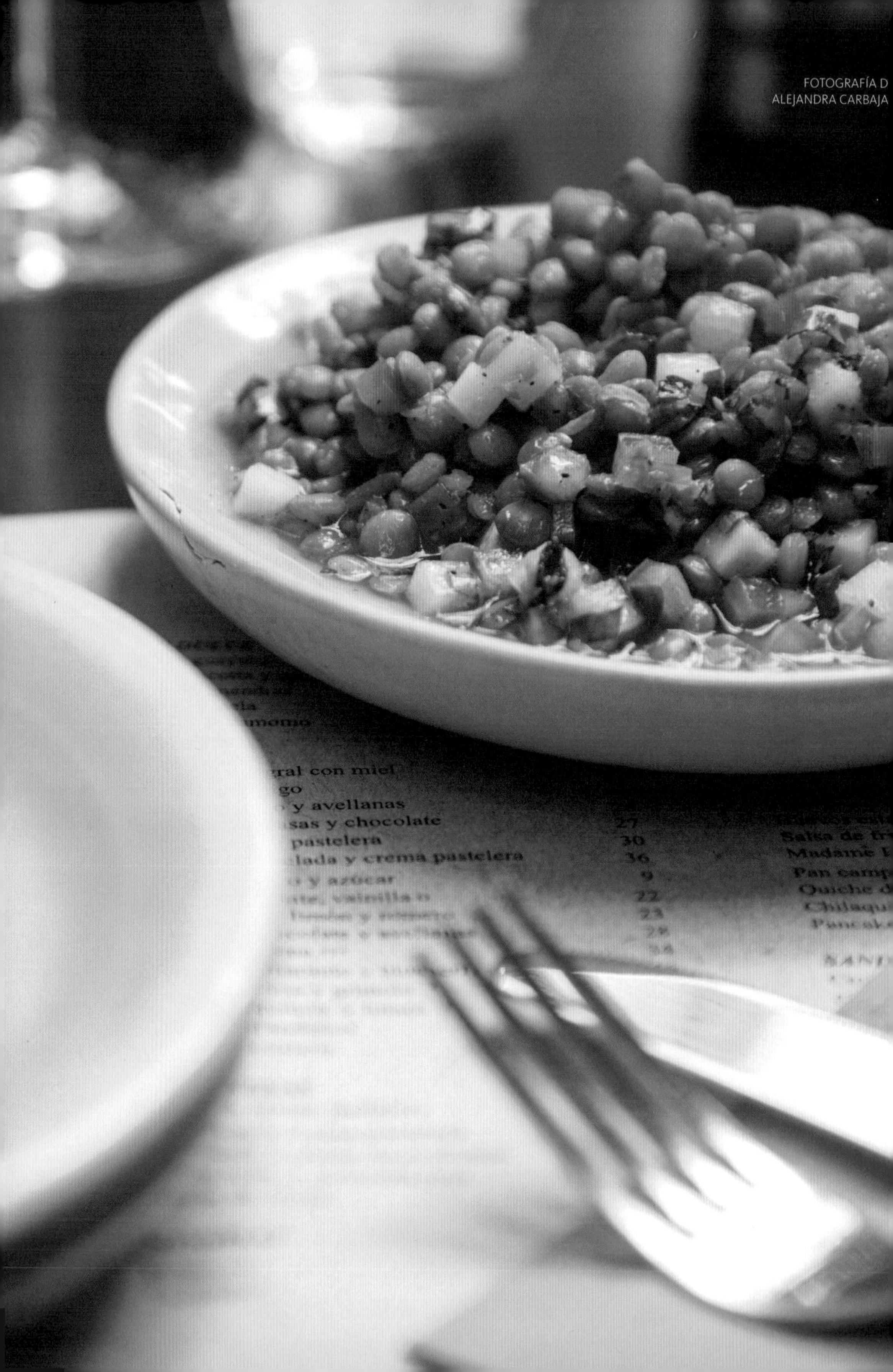

FOTOGRAFÍA D
ALEJANDRA CARBAJA

LENTEJAS, PEPINO Y HIERBABUENA

CAFÉ NIN ✕ ELENA REYGADAS

100 g de lenteja • 1 l de agua • 80 g de chile cuaresmeño
80 g de echalote • 120 g de pepino • 20 g de perejil picado
10 g de cilantro picado • 20 g de hierbabuena picada • 10 g de vinagre de vino blanco
5 g de cáscara de limón amarillo • 40 g de aceite de oliva • 5 g de sal fina

1. Deja remojando la lenteja en el agua durante una noche. Pica el chile, echalote y pepino en cubos pequeños, del mismo tamaño que la lenteja cocida. Coloca las lentejas en una cacerola con agua fría, cocina por 45 minutos y cuela. En un recipiente agrega todos los ingredientes; mezcla y sirve.

Sí me sale la sopa instantánea

Para empezar una comida con algo sencillo y fresco.

En el más reciente lugar de la chef Reygadas puedes encontrar un espacio con aires de informalidad, pero con una carta muy compleja en donde juega con platos de temporada, y el ingrediente es el rey. Justo eso es lo que se nota cuando comes estas lentejas: un plato cuya aparente complejidad nace de la armonía de sus ingredientes.

¿SABÍAS QUE?
—

Los platos de este lugar son ideales para compartir.

FOTOGRAFÍA DE
ROBERTO BELTRÁN

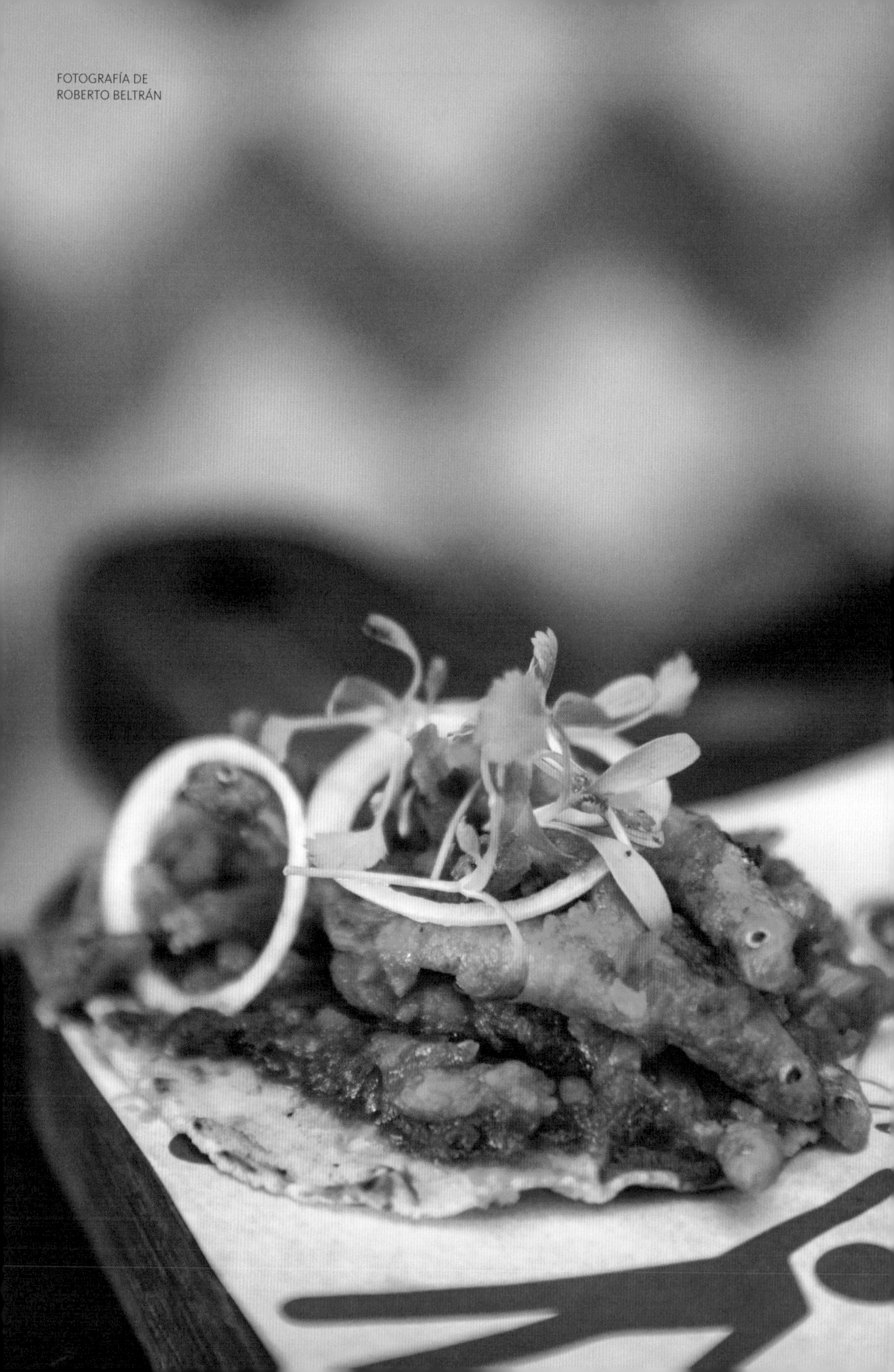

TACOS DE CHARALES CON SALSA MOLCAJETEADA

ATALAYA ✕ ATZIN SANTOS

300 g de charales pequeños • 150 g de harina • 1 l de aceite de girasol
1 kg de masa de maíz nixtamalizada (blanca o azul) • 500 g de jitomate guaje
1/2 cebolla pequeña • 2 dientes de ajo • 3 chiles serranos
100 g de cilantro • Sal al gusto • Manteca al gusto
Frijoles refritos para untar • 2 cebollitas de Cambray

1. Sazona los charales con sal; enharina, fríe y escurre el exceso de aceite con servitoallas. Haz tortillas del tamaño deseado con la masa. Cuece el jitomate guaje, la cebolla, el ajo y los chiles serranos; licúa todo, agrega el cilantro y vuelve a licuar rápidamente. En una cacerola pon un poco de manteca, fríe la salsa y sazona. Corta las cebollitas de Cambray en aros. Baña los charales en la salsa y sácalos casi inmediatamente. Ten a la mano las tortillas calientes y embarradas con un poco de frijol; coloca los charales y termina con aritos de Cambray.

Sí me sale la sopa instantánea

Para cuando lo invada a uno la nostalgia.

Los charales han existido en la alimentación de los mexicanos desde tiempos prehispánicos y los tacos de charales son un antojito típico de Michoacán. Este pescadito tiene un sabor fuerte e intenso, por eso es importante combinarlo con frijoles y salsa para balancear el sabor, como propone el chef Atzin. Puede ser una excelente botana o plato principal.

"Creo que uno siempre cocina a partir del recuerdo, y este platillo en particular me recuerda a mi abuela", platica Atzin.

FOTOGRAFÍA DE
ROBERTO BELTRÁN

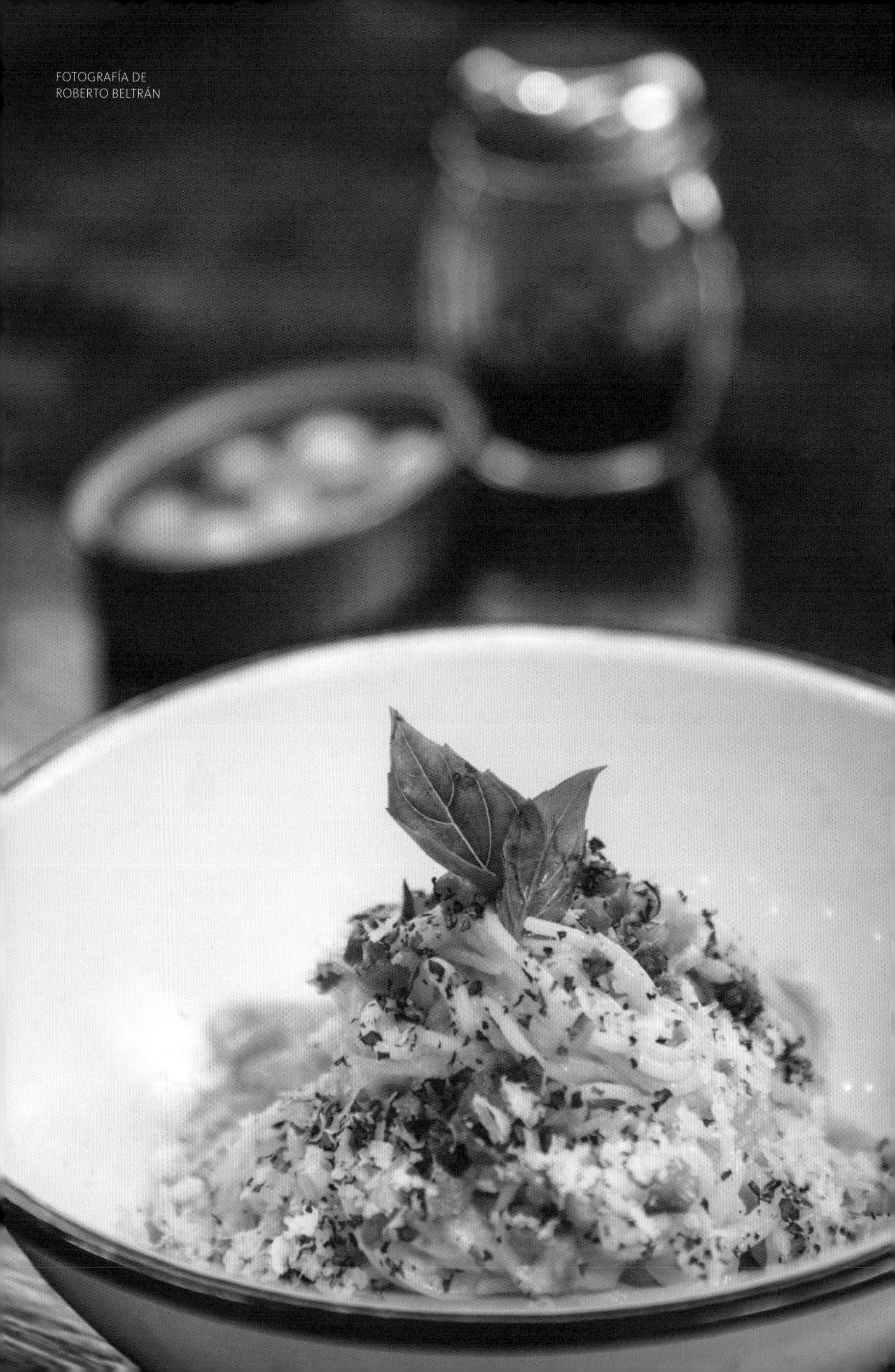

CAPELLINI BACON CON PARMESANO

PIZZERÍA GRANDE SORRISO
✕
ATZIN SANTOS Y SANTIAGO MIGOYA

10 g de tocino • 5 ml de aceite de oliva • 30 ml de crema Lyncott
100 g de capellini • 35 g de queso parmesano • 10 g de echalote
1 yema de huevo • 30 g de mantequilla • 30 ml de vino blanco
Suficiente agua • Sal al gusto

1. Pon en una olla agua con sal y cocina los capellini, pero sin llegar hasta el centro: es una pasta delgada que no tarda en estar
lista. Reserva y separa un poco de agua de la cocción.

2. Sofríe en una sartén el tocino picado con un poco de aceite de oliva; una vez dorado, añade el echalote picado y la
mantequilla. Cocina hasta que el echalote esté ligeramente
dorado. Agrega el vino y deja que se evapore el alcohol y un
poco de la mezcla. Incorpora la pasta que todavía no está
completamente cocida, y un poco de agua de su cocción.
Aparte, mezcla la yema de huevo, el parmesano y la crema
e integra a la pasta. Cuando luzca homogéneo, retira y sirve.

Sí me sale la sopa
instantánea

Cuando quieres
consentirte.

En pleno Polanco yace
esta nueva pizzería,
inspirada en la típica
trattoria napolitana. Su
pizza mexicana, con
frijoles, quesillo y
quelites, es imperdible,
y sus capellini son una
receta llena de sabor
que te transportará
directito a la cuna de
las pizzas. Citando
a Federico Fellini:
"La vida es una
combinación de
magia y pasta".
Grande Sorriso le rinde
homenaje a estos dos
ingredientes.

"Receta italiana para
quitar el hambre, el frío,
y el mal de amores", dice
chef Atzin Santos.

FOTOGRAFÍA DE
ALEJANDRA CARBAJAL

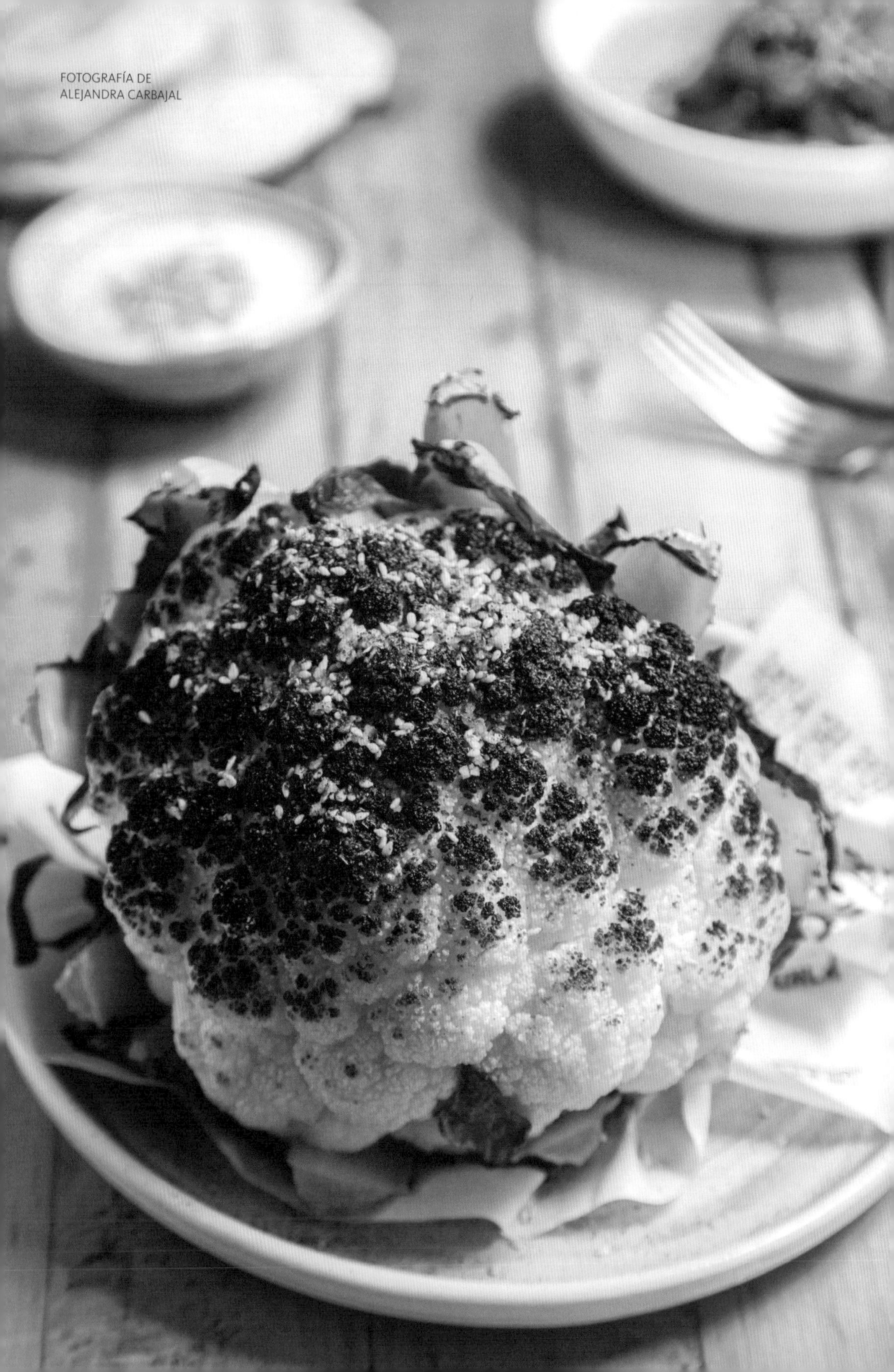

COLIFLOR ROSTIZADA

MERKAVÁ ✕ DANIEL OVADÍA

COLIFLOR

4 piezas de coliflor de 700 g aproximadamente • 10 gr de sal de Colima
500 ml de yogurt griego • 20 hojas de hierbabuena • 1 pizca de sal • 1 pizca de comino
1 cucharadita de jugo de limón • 2 cucharadas de aceite de oliva • 1 pizca de za'tar

MONTAJE

2 cucharadas de za'tar • 1 cucharadita de sal de Colima
3 cucharadas de aceite de oliva

1. Para la coliflor: hierve agua y sal en una olla. Limpia la coliflor eliminando la parte verde y agrégala en el agua hirviendo; deja por 15 minutos. Retira del agua y sumérgela en agua con hielo. Llévala al horno y deja hasta que esté rostizada.

2. Para el yogurt con hierbabuena: pica la hierbabuena y reserva. En un tazón mezcla yogurt, hierbabuena, sal, comino, jugo de limón y aceite de oliva. Sirve en un plato y agrega un poco de aceite y za'tar.

3. Para montar: coloca la coliflor en un plato y espolvorea sal, za'tar y aceite de oliva. Acompaña con el yogurt.

Sí me sale la sopa instantánea

Una cena tranquila con amigos.

La coliflor está de moda: antes vivía bajo la sombra del brócoli. En Merkavá, donde los sabores de Jerusalén son protagonistas, crearon una coliflor rostizada, horneada por horas en horno de piedra, con granos de sal gorda, za'tar y yogurt con hierbabuena. Una joya para recrear en casa: tus hijos la amarán.

¿SABÍAS QUE?

—

Merkavá es el primer restaurante de la Ciudad de México especializado en hummus.

TLACOYOS DE REQUESÓN EN SALSA VERDE

CASCABEL X LULA MARTÍN DEL CAMPO

RELLENO
300 g de requesón • 1 cucharada de epazote picado

TLACOYO
350 g de masa fresca de maíz azul • Sal al gusto • Cantidad suficiente de agua
Relleno de requesón con epazote

SALSA VERDE
150 g de tomate verde • 2 chiles serranos • 1 cebolla chica • 1 diente de ajo
1/4 de taza de cilantro • 1/2 cucharadita de sal

MONTAJE
1 ramo de verdolaga fresca, limpia y desinfectada
4 flores de calabaza limpias y desinfectadas

FOTOGRAFÍA DE
ROBERTO BELTRÁN

1. Para el relleno: mezcla el requesón con el epazote.
2. Para el tlacoyo: revuelve la masa con sal y agua. Amasa hasta que quede lo suficientemente húmeda para formar el tlacoyo. Haz 4 bolas de masa. Con las manos, forma un óvalo y aplánalo un poco. Rellena con la mezcla de requesón y epazote; cierra para terminar de formar el tlacoyo. En un comal cuece el tlacoyo por ambos lados.
3. Para la salsa verde: hierve los tomates y los chiles. Escurre y licúa con cebolla, ajo y cilantro. Vacía en una cacerola y vuelve a dar un hervor. Sazona con sal.
4. Para montar: calienta el tlacoyo en el comal, baña con la salsa verde caliente y decora con verdolaga y una flor de calabaza.

Sí me sale la sopa instantánea

Para la mañana, la tarde o la noche; para cuando se le antoje a uno.

Maíz, frijol y chile es la triada de Cascabel, el nuevo restaurante de la chef Lula Martin del Campo, ubicado en Santa Fe. Siempre hemos admirado cómo la chef juega con ingredientes simples para hacer platillos con el sello de nuestra herencia culinaria mexicana. Lo primordial de esta receta es la frescura del requesón.

"Menos es más" es el eterno lema de la chef Lula y que se ha hecho presente en su carrera gastronómica al crear platillos sencillos pero llenos de sabor.

SOUL CHEESE AND BACON

SOUL ✕ ROBERTO DE LA PARRA

1 salchicha estilo Frankfurt • 1 pan baguette suave de tamaño mediano (20 cm)
10 ml de mantequilla clarificada (mantequilla derretida en un horno de microondas
a la que se le retiran los sedimentos que quedan con un colador fino)
3 tiras de tocino semidorado (corte delgado) • 30 g de tocino picado finamente
2 rebanadas de queso estilo danés

ADEREZOS
Mayonesa al gusto • Mostaza al gusto • Catsup al gusto

FOTOGRAFÍA DE
MICHELLE BURGOS

1. Precalienta el horno a 180°. Coloca las tiras sobre la charola y hornea entre 8 y 10 minutos o hasta que los tocinos queden medianamente dorados; revisa que aún estén flexibles y reserva. Calienta agua en una olla en donde quepan las salchichas; sumérgelas durante 10 minutos. Corta la baguette y, con ayuda de una brocha, barniza el pan con mantequilla clarificada. Retira la salchicha del agua caliente y seca con un papel absorbente. Enrosca las tiras de tocino en la salchicha. Dobla las rebanadas de queso estilo danés a la mitad y colócalas sobre la salchicha y el pan, una después de la otra para cubrir prácticamente toda la salchicha. Mete el hot dog al horno y calienta el tiempo suficiente para que el queso se gratine.

2. En una sartén caliente, dora los cubitos de tocino durante unos minutos. Retíralos del fuego y con papel absorbente quita el exceso de grasa. Con cuidado saca el hot dog del horno y colócalo en un plato; añade los cubitos de tocino sobre el queso. Acompaña con mayonesa, mostaza y catsup.

Sí me sale la sopa instantánea

Cuando tienes tanta hambre que te brincas las calorías.

Soul la Roma es un lugar para ir con mucha hambre, pero también dispuestos a hacer fila con personas que van por sus impresionantes hamburguesas, hot dogs y papas fritas. *Food porn* en toda su gloria, este Soul cheese and bacon fue creado por el chef Roberto de la Parra y se trata de un hot dog donde lo importante es cuidar la calidad de los ingredientes como el pan, salchicha, queso y tocino para sorprender con esta versión del clásico hot dog.

¿SABÍAS QUE?

Si buscáramos en un diccionario la definición de *comfort food*, el menú de este lugar abarcaría todo.

SELECCIÓN DE PINTXOS

JALEO ✕ PEDRO MARTÍN

PATO

200 g de mousse de pato • 80 g de baguette • 1 l de jerez
500 g de azúcar • 500 g de cebolla • 1 l de aceite de oliva extra virgen
50 g de brotes de perejil • 100 g de nuez • 100 g de almendra
250 g de azúcar glas • 50 ml de jugo de naranja
100 g de mantequilla pomada • 1 pieza de papel estrella

MORCILLA DE BURGOS

1 morcilla burgos • 20 ml de aceite de oliva • 1 baguette
10 brotes de betabel • 100 g de jamón serrano • 1 kg de cebolla fileteada
250 g de mantequilla a punto de avellana • 100 ml de brandy
500 ml de vino tinto Tío Pepe • 250 ml de crema para batir
500 ml de vino tinto (cualquier marca)

BOCADO DE PIQUILLO

1 baguette

Salsa de piquillo

1 lata de piquillos de 390 g • 1 l de crema para batir • 30 g de azúcar
30 g de mantequilla • Sal y pimienta al gusto

RELLENO DE GAMBA

1 g de tomillo • 1 g de laurel • 500 g de cebolla picada
500 g de camarón picado • 200 g de salsa de piquillo

PIQUILLOS CONFITADOS

2 latas de piquillos de 390 g • 1 l de aceite vegetal • 10 g de ajo
50 g de cebolla • 1 l de agua • 150 ml de aceite de oliva virgen
200 g de poro cortado finamente y frito • 25 g de brotes de betabel
100 g de azúcar

1. Para el pintxo de pato: en una sartén pon el jerez y el azúcar a fuego bajo hasta conseguir una melaza. Reserva. En otra sartén coloca el aceite de oliva y la cebolla a fuego muy bajo durante tres horas. Reserva. Mezcla nuez, almendra, azúcar glas y jugo de naranja; bate con la mano hasta conseguir una pasta firme y reserva en el refrigerador por 1 hora. Saca del refrigerador y forma bolitas de 5 gramos. Sobre una charola para hornear coloca el papel estrella con el tratamiento antiadherente hacia arriba (es decir, las estrellas hacia abajo) y, hornea las bolitas a 180º durante 4 minutos. Reserva las galletas. Corta el pan en rodajas medianas y tuesta por ambos lados. Reserva. Corta el mousse de pato en rodajas medianas. Reserva. Coloca las rodajas de mousse en una sartén con aceite hasta que se forme una costra. Reserva. En un plato pon el pan, encima una cantidad considerable de cebolla, el mousse de pato y agrega la melaza de jerez, la galleta y por último los brotes de perejil.

2. Para el pintxo de morcilla de Burgos: en una olla o sartén coloca a fuego bajo el vino tinto con el azúcar hasta conseguir una melaza no muy intensa. Retira del fuego y reserva. En otra sartén coloca la mantequilla a fuego bajo hasta que alcance un punto de avellana (debe cambiar a un color dorado y el aroma debe ser de avellana); agrega la cebolla y, cuando se ponga transparente, flaméala con brandy; agrega

FOTOGRAFÍA DE
ALEJANDRA CARBAJAL

el vino y reduce el alcohol. Incorpora la crema para batir y rectifica la sazón. Cuece por 20 minutos a fuego medio. Retira y reserva. Corta la morcilla en rodajas de tu agrado y en una sartén con aceite de oliva, dora por los dos lados hasta que estén un poco crujientes. Reserva. Coloca morcilla sobre el pan, después la cebolla; haz un taquito de jamón serrano y ponlo encima de la cebolla; termina con el brote de betabel. Si deseas, puedes poner unas gotas de aceite de oliva al final.

3. Para la salsa de piquillo: mezcla la crema Lyncott con mantequilla, azúcar, piquillos, sal y pimienta. Pon al fuego durante 15 minutos. Licúa y reserva.

4. Para el relleno de gamba: en una sartén cocina por 10 minutos la cebolla picada y el camarón. Agrega las especias, sazona e incorpora 200 g de salsa de piquillo.

5. Para los piquillos confitados: en una sartén coloca el aceite vegetal, llévalo al fuego y confita los piquillos en cantidades pequeñas (durante 3 a 4 minutos). Reserva. Por otro lado, en una olla pon el agua con ajo y cebolla previamente triturados; llévalos a fuego medio y agrega los piquillos; déjalos hasta que estén más blandos. Reserva. Toma un piquillo y rellénalo con la preparación anterior.

6. Para montar: en una rodaja de pan coloca el piquillo relleno, saltéalo y decora con el poro frito y un brote.

"En México no hay muchos lugares de tapas y nosotros buscábamos saciar esa necesidad de sabores de nuestra tierra. No hicimos nada más que traernos los platillos de nuestros recuerdos, de nuestro país, para compartirlos aquí", comenta el chef.

Sí me sale la sopa instantánea

Para todo momento, es algo que se puede comer al antojo.

Si queremos preparar pintxos, lo ideal es seguir los consejos del chef Pedro Martín de Jaleo, un auténtico bar de tapas españolas en la Ciudad de México que ya es ícono de Polanco: muchos lugares van y vienen, pero éste permanece en el gusto de los comensales. El chef nos compartió no una, sino cuatro diferentes recetas para crear esta selección y comer como si estuviéramos en la ciudad de la Gran Vía: pintxos de pato y morcilla, piquillos rellenos con gambas, confitados y en salsa. Recomendación obligada: compartirlos acompañados de un buen vino con los amigos.

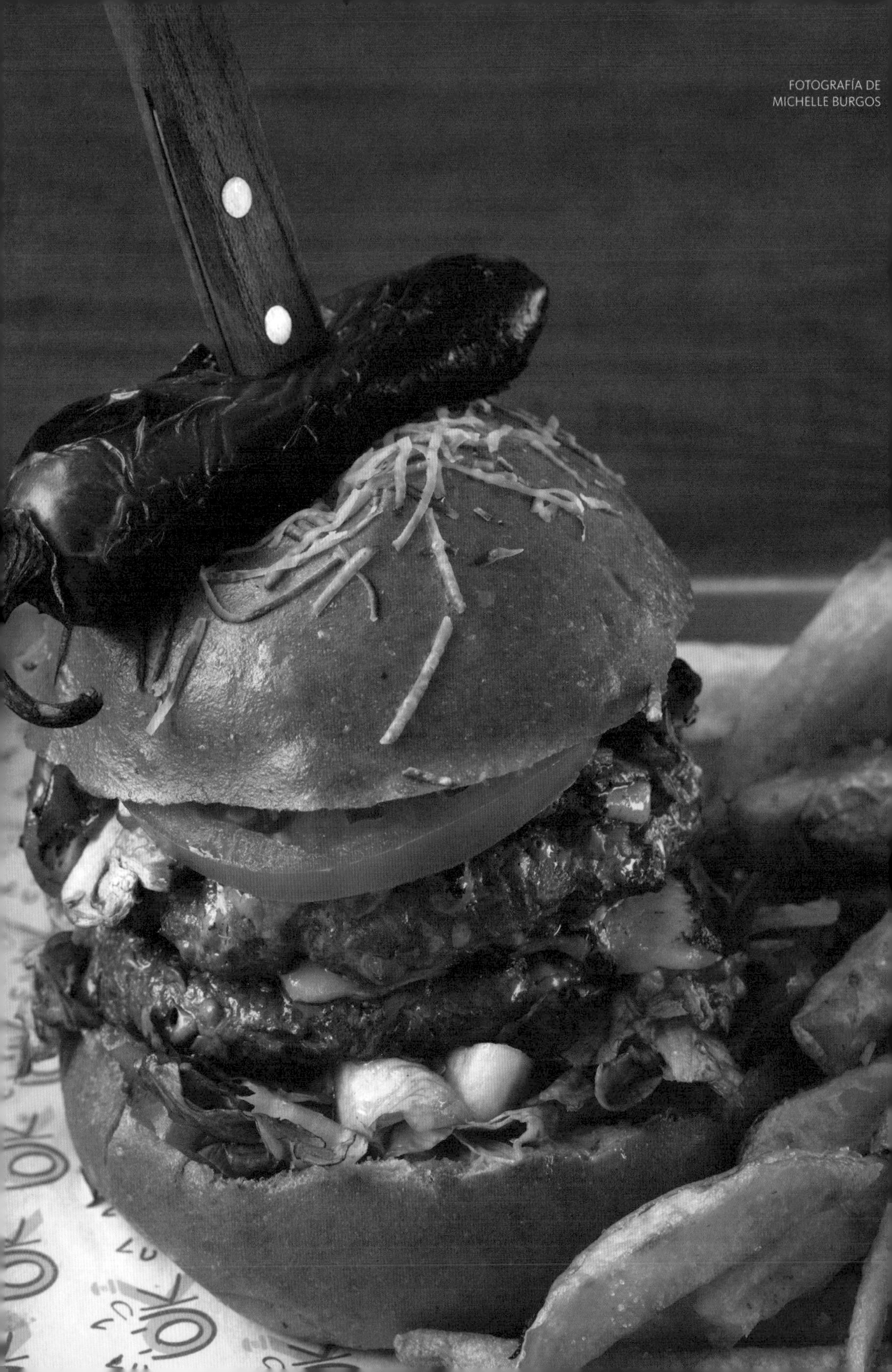

FOTOGRAFÍA DE
MICHELLE BURGOS

HAMBURGUESA OK

OK DF ✕ JOAN BAGUR

180 g de carne molida de vaca vieja y gorda, de preferencia del cuarto trasero de una vaca de más de 6 años de edad con 20% de infiltración de grasa amarilla Sal al gusto • 1 bollo brioche con 30% mantequilla de 90 g. Que soporte la carne, pero sea esponjoso y no tape el sabor • 3 rebanadas de pepinillo • 30 g de mayonesa 30 g de lechuga romana cortada de 1 cm de grosor • 80 g de queso manchego 60 g de jitomate saladet grande • 60 g de cebolla caramelizada con tocino y vino tinto

1. Sazona la carne molida con sal y dale forma a tu hamburguesa. En una plancha muy caliente sella la carne de ambos lados. Esto es para que caramelice muy bien y los jugos permanezcan dentro. Pasa a un grill para que tome sabor a asado; cocina a término medio rojo para disfrutar bien del sabor de la carne. Cuando voltees la carne por última vez, pon el queso manchego encima para que se derrita. Unta el pan con mayonesa, coloca la carne, lechuga, jitomate y cebollas. Cierra la hamburguesa y disfruta.

Sí me sale la sopa instantánea

Para los que quieren algo bueno y equilibrado, un plato *fast and good.*

Cuando se trata de carne, el chef Joan Bagur, de OK DF, no se anda con rodeos y recomienda la mejor. Usando también el mejor bollo brioche se unen los dos elementos más importantes de este plato y nace una hamburguesa espectacular. Si vas a OK DF, recomendamos acompañar la hamburguesa con papas con ajo bañadas en una de sus tantas salsas.

¿SABÍAS QUE?

El pan brioche con la mejor calidad para la hamburguesa lo pueden comprar en Sal y Dulces Artesanos, propiedad de Mari Tere Degollado y Joan Bagur, dupla panadera maravilla.

FOTOGRAFÍA DE
ROBERTO BELTRÁN

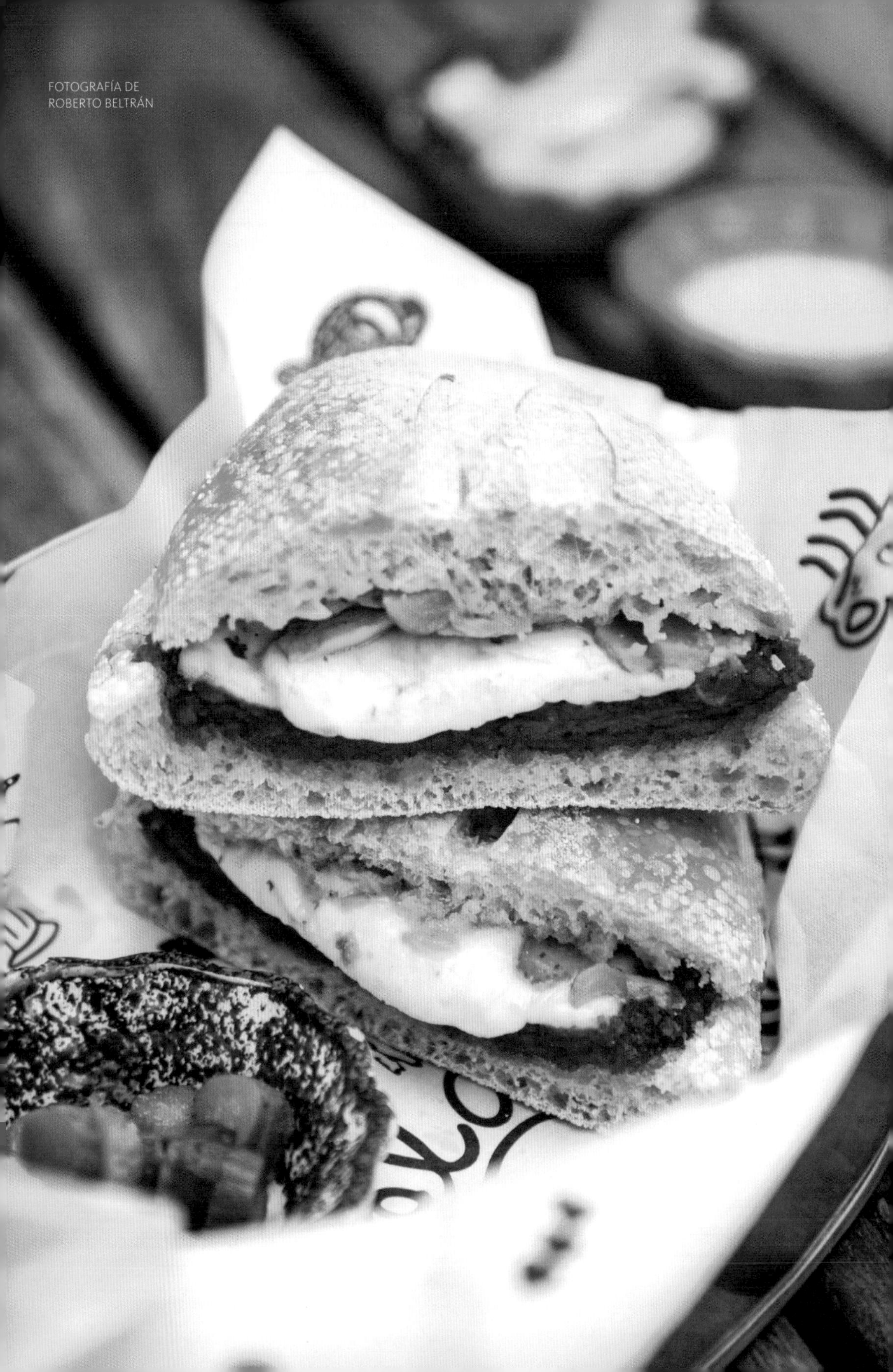

TORTA DE CHEETOS

L'ENCANTO DE LOLA ✕ CANDICE ROTERMAN

1 telera • 1 bistec de buena calidad • 1 huevo batido
Cheetos machacados • Queso Oaxaca fresco • Salsa verde con aguacate
Pepinillos o rajas al gusto

1. Pasa el bistec por el huevo batido y luego empaniza con los Cheetos. Fríe la milanesa hasta que quede doradita. Parte la telera por la mitad.
2. Arma la torta con la milanesa y el queso Oaxaca. Pon en el horno para que se derrita el queso, y complementa con los pepinillos y la salsa.

Sí me sale la sopa instantánea

Para un momento extremo: después de un maratón, porque te lo mereces, o para curarte la cruda acompañándola con una Coca-Cola helada.

A este lugar lo amamos por complacer nuestros sueños más descabellados, como con los sabores de sus malteadas: de Gansito hasta Froot Loops. Nada como los originales Cheetos naranjas, y usarlos para capear una maravillosa milanesa, ¡explosión de sabores!

"Mi papá es francés y probó los Cheetos el año pasado por primera vez. Me dijo que debía hacer algo con esa maravilla, y a mí se me ocurrió que fuera el capeado de la milanesa", dice Candice.

ESQUITES NEGROS

BARROCO ✕ ALAN SÁNCHEZ

Puré de huitlacoche • 100 ml de aceite vegetal • 200 g de cebolla finamente picada
20 g de ajo finamente picado • 600 g de huitlacoche fresco; si no hay, entonces de lata
100 g de chile jalapeño picado sin semillas • 20 g de epazote fresco • 10 g de sal

ESQUITES
100 g de mantequilla • 1.2 kg de maíz cacahuacintle (pozolero)
10 g de polvo de chile pasilla tostado y licuado • 50 g de queso fresco rallado
150 g de mayonesa • 100 g de rábano

FOTOGRAFÍA DE
CHRISTIAN MARTÍNEZ

1. Para el puré de huitlacoche: pon a calentar una sartén, agrega el aceite y acitrona la cebolla hasta quedar translúcida. Agrega el ajo picado y saltea unos minutos hasta que la cebolla tome un poco de color. Añade el huitlacoche y deja a fuego bajo unos minutos. Sazona con sal y agrega chile picado al gusto. Deja en el fuego unos 5 minutos más y agrega el epazote. Apaga y deja enfriar. Licúa todo añadiendo un poco de agua hasta obtener la textura de un puré. Separa en un refractario.

2. Para los esquites: en una olla derrite mantequilla, agrega el maíz cacahuacintle previamente enjuagado y saltea por unos minutos. Agrega el puré de huitlacoche y ve mezclando para que se incorpore la salsa. Sazona al gusto con sal, pimienta y, si te gusta, más chile. Cuando tengas perfectamente mezclada la salsa, sirve en tazones. Termina con la mayonesa, el queso fresco, rebanaditas de rábano y el polvo de chile pasilla.

Sí me sale la sopa instantánea

Es una excelente entrada para una reunión informal con amigos; sólo necesita una buena cerveza.

Dentro del majestuoso Museo Internacional del Barroco en Puebla se encuentra un restaurante que tiene algunos de los platillos más hermosos de la república. En este recinto pueden comer comida poblana con toques dramáticos que van de la mano con las exposiciones que afuera se encuentran. En la carta existe un platillo que es una gran botana con producto de temporada y elementos que puedes hallar en casa, y que reinventa el popular antojo callejero. El esquite negro, además de su espectacular presentación, nos conquista por el huitlacoche y la mayonesa casera.

"Me recuerda a mi infancia. Mis inicios gastronómicos fueron con mi abuela y mi mamá: recorriendo, seleccionando y haciendo compras en el mercado de Jamaica, en donde, en temporada de lluvia, el maíz cacahuacintle estaba cubierto de huitlacoche".

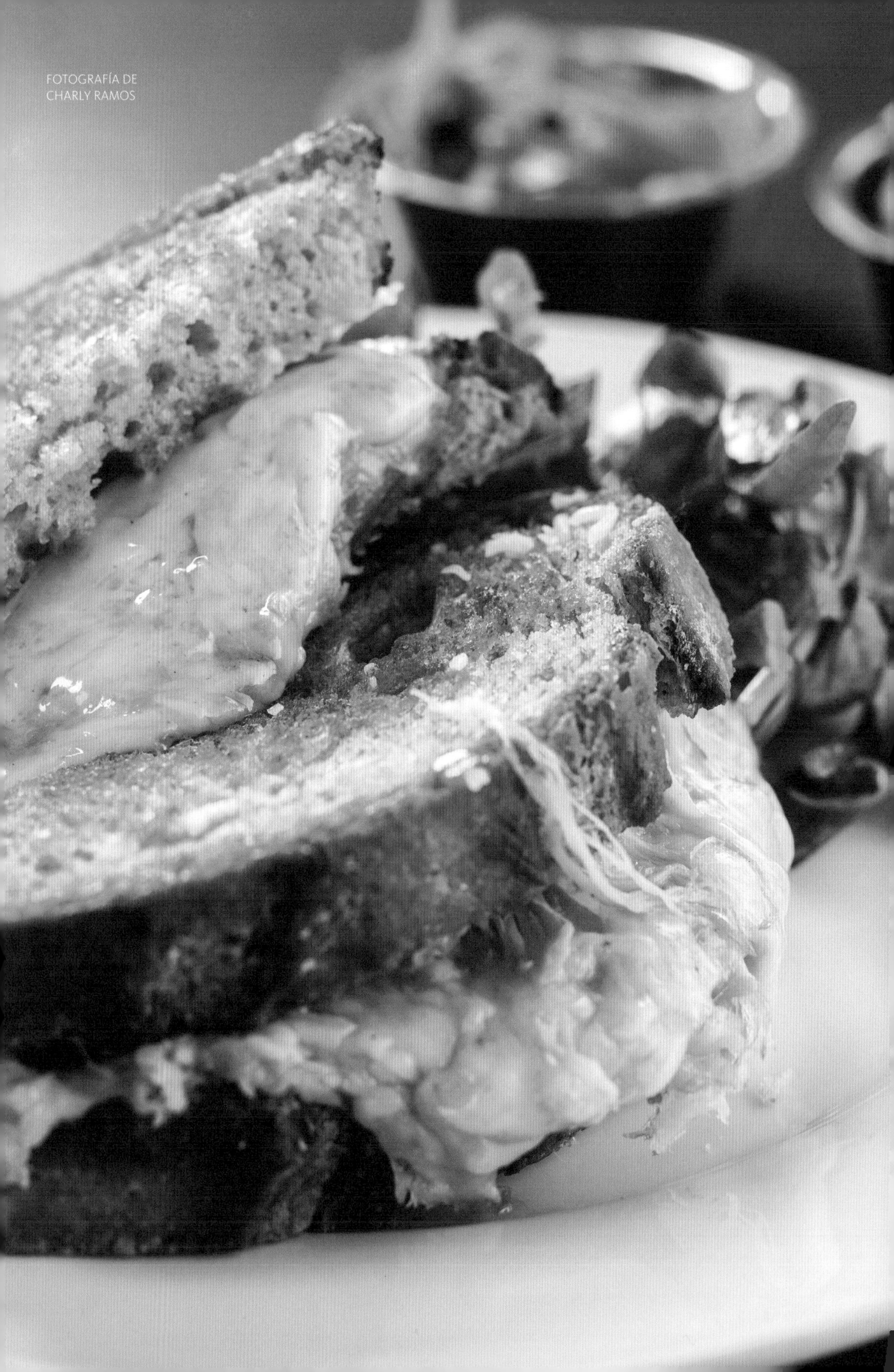

FOTOGRAFÍA DE
CHARLY RAMOS

GRILLED CHEESE DE CARNITAS

DELIRIO ✕ MÓNICA PATIÑO

2 rebanadas de pan campesino • 20 g de queso mozzarella
20 g de queso chihuahua • 20 g de queso gouda • 60 g de carnitas
20 g de mantequilla • Chiles en vinagre

1. Calienta una sartén gruesa o —si tienes— una plancha. Ralla los quesos, mézclalos y reserva. Calienta las carnitas al vapor para evitar que se sequen; retira y trocea con un cuchillo. Acomoda las carnitas sobre una de las rebanadas de pan y cubre con la mezcla de quesos. Tapa con la otra rebanada de pan y unta tu sándwich con mantequilla por ambos lados. Calienta en la plancha o la sartén por ambos lados hasta que el queso se derrita y el pan quede dorado. Para que quede más compacto, lo puedes calentar con algo pesado encima; puede ser otra sartén o un grill de carnes. Parte por la mitad en diagonal y coloca en el plato, una mitad sobre la otra en forma de cruz. Sirve con los chiles en vinagre al lado y, si quieres sentir menos culpa, hazte una ensalada de arúgula y berros frescos aderezada con aceite de oliva, vinagre balsámico, sal y pimienta.

Sí me sale la sopa instantánea

¡Para el simple antojo!

El grilled cheese es y será siempre lo mejor para un sándwich, y si lo tropicalizas como lo hizo Mónica Patiño en sus restaurantes Delirio (ambos en la colonia Roma) y le agregas unas carnitas, el resultado es algo mejor que cualquier Philly cheesesteak. Para contrastar esta dupla, la chef agrega chiles jalapeños con verdura en escabeche, lo que termina siendo una explosión de sabor que saciará tu hambre en un instante porque ¿qué puede ser mejor que carne con queso fundido?

"Hay platos como éste, en los que te inspiras porque no quieres una comida normal, sólo tienes hambre sin definición o a lo mejor un antojo".

FLAUTAS DE JAMAICA

LIMOSNEROS

✕

CARLO MELÉNDEZ Y MARCOS FULCHERI

1 kg de flor de Jamaica • 250 g de epazote morado • 1 cebolla morada
2 dientes de ajo • 5 chiles cuaresmeños • 250 g de azúcar morena
Sal al gusto • 1 kg de tortillas de maíz • Aceite vegetal

1. Lava las flores de Jamaica, hiérvelas un poco y déjalas escurrir para secarlas. En una sartén pon cebolla y ajo con un poco de aceite, añade las flores de Jamaica y finalmente el epazote en juliana y el chile cuaresmeño cortado en rajas (dependiendo qué tan picante lo quieras, decide si le quitas las semillas y venas). Agrega azúcar y sal y corrige la sazón. Retira del fuego y deja enfriar. Pon un poco de la preparación en cada tortilla y enrolla para formar las flautas; usa palillos para que no pierdan la forma. En otra sartén con aceite pon a freír las flautas, retíralas cuando estén listas y quita el exceso de aceite con una servitoalla. Sirve en un mismo plato y acompaña con tu salsa favorita.

Sí me sale la sopa instantánea

Para comenzar la comida.

¿A quién no le gusta una flauta con crema y queso? Si la respuesta es no, están muertos por dentro. Nosotras siempre tenemos ese antojo, pero pensar en las calorías muchas veces nos aleja de este increíble platillo; por eso, la idea de Limosneros de crear una versión más ligera capaz de quitarnos la culpa es maravillosa.

"Es algo muy mexicano y ligero, de sabores conocidos, pero también inusual por la flor de Jamaica que es fuera de lo normal en las garnachas", explican los chefs.

HAMBURGUESA BOWIE
CON PAPAS TRUFADAS

BUTCHER & SONS ✕ GUSTAVO RUBIO

HAMBURGUESA BOWIE

180 g de carne molida de res (preparada al gusto) • 1 bollo de brioche
25 g de queso suizo • 25 g de chile poblano • 30 g de guacamole
20 g de tocino maple • 5 g de mayonesa • 10 g de mix de lechugas
10 g de juliana de tortilla frita

PAPAS TRUFADAS

230 g de papas cortadas a la francesa • 150 ml de aceite vegetal
20 ml de aceite de trufa • 30 g de queso parmesano rallado • Sal al gusto

FOTOGRAFÍA DE
MICHELLE BURGOS

1. Para la hamburguesa Bowie: Escalfa el chile poblano y separa. Pon la carne en una parrilla caliente y cocina por un lado hasta lograr tu término favorito. Voltea la carne, coloca encima el queso suizo hasta gratinar y luego el poblano. Parte el pan y caliéntalo en una plancha; úntale mayonesa. En un plato pon la base del pan, la lechuga, la carne con el queso y los poblanos hacia arriba; añade guacamole y finalmente la juliana de tortilla. Coloca la tapa del pan y listo.

2. Para las papas trufadas: fríe las papas en el aceite vegetal; quita el exceso de aceite. En un tazón revuelve las papas con aceite de trufa, queso parmesano y un poco de sal. Sirve de guarnición.

Sí me sale la sopa instantánea

Para cuando tienes ganas de una hamburguesa con papas diferentes.

¿Quién no tiene antojo de una buena hamburguesa de vez en cuando? Esta hamburguesa se siente original por incluir elementos normalmente ajenos como el guacamole o la juliana de tortillas. Esto mexicaniza por completo este platillo estadounidense y lo hace muy único. Si a esto se le suman las maravillosas papas trufadas, tu experiencia será inmejorable.

"Siempre esperamos que nuestras mezclas de sabores atraigan. En este caso el tocino, el guacamole y la juliana de tortillas hacen de Bowie una de las favoritas".

BURRATA CON CAVIAR DE POBRE Y ALCACHOFAS

MIA DOMENICCA ✕ SANTIAGO MIGOYA

CAVIAR DE POBRE
4 berenjenas • 8 dientes de ajo • 8 ramas de romero
6 limones amarillos • Sal al gusto • Aceite de oliva al gusto

ALCACHOFAS
12 alcachofas bebés • Aceite de oliva al gusto • Sal al gusto
Orégano seco al gusto • Aceite de oliva extra virgen al gusto

MONTAJE
4 piezas de queso burrata • Reducción de balsámico

FOTOGRAFÍA DE
MICHELLE BURGOS

1. Para el caviar de pobre: corta las berenjenas por la mitad y espolvorea sal generosamente para que suden y pierdan su sabor amargo. Una vez que hayan sudado, enjuágalas con agua y sécalas. Unta ambas mitades con aceite de oliva y envuelve en papel aluminio con un diente de ajo y una rama de romero cada una. Mete las berenjenas al horno a 180° hasta que estén blandas y cocidas. Deja enfriar. Con una cuchara retira la pulpa teniendo cuidado de dejar la cáscara intacta. Sazona la pulpa con el jugo del limón amarillo a tu gusto. Reserva a temperatura ambiente.

2. Para las alcachofas: limpia las alcachofas, añade sal y envuelve en papel aluminio. Hornea a 180° hasta que estén blandas y cocidas. Sazona con orégano y aceite de oliva extra virgen. Reserva a temperatura ambiente.

3. Para el montaje: pon una capa del caviar de pobre como base, encima la burrata, decora con las alcachofas y adereza con reducción de balsámico.

Sí me sale la sopa instantánea

Para compartir o empezar una cena.

El nombre de este platillo se escucha muy sofisticado, pero en realidad no lo es. El caviar de pobre es un caviar falso cuyo principal ingrediente es la berenjena al horno. Pero aquí no termina la receta: incluye alcachofas y el "queso tonto", como llamó el hijo del chef Santiago a la burrata. Al final tenemos una combinación de sabores interesantes para empezar una buena comida o cena.

"Es un plato que no sólo hago en el restaurante, sino también en mi casa. En una ocasión mi hijo me pidió si podía hacer el queso tonto; supongo que pensó que burrata era de burro y por eso le dijo tonto", platica Santiago.

FOTOGRAFÍA
MICHELLE BURG

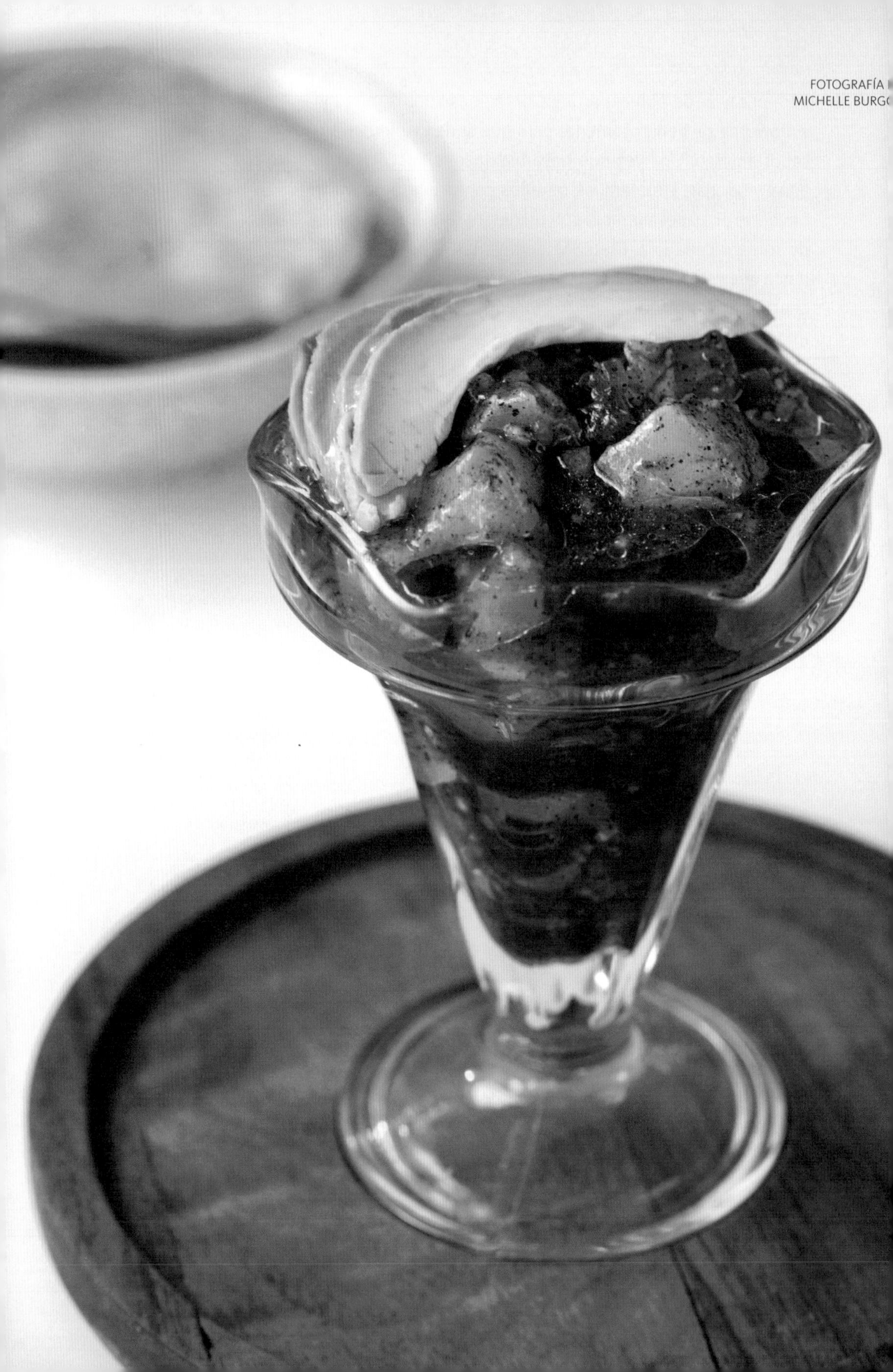

CEVICHE TATEMADO

LUCAS LOCAL ✕ ALEXANDER SUÁSTEGUI

SALSA TATEMADA

2 kg de jitomate • 120 g de cebolla blanca • 7 chiles serranos • 150 g de cilantro

CEVICHE

40 g de jitomate • 40 g de cebolla • 40 g de pepino • 20 g de chile cuaresmeño
25 g de salsa tatemada • 50 ml de clamato • 6 ml de jugo de limón
6 ml de aceite de oliva • 70 g de pescado de carne blanca • 30 g de aguacate
Sal al gusto • Pimienta al gusto

1. Para la salsa tatemada: precalienta el horno a 230°. Dispón todos los ingredientes en una charola y hornea durante aproximadamente 35 minutos. En caso de no contar con un horno, puedes tatemarlos en el comal. Licúa todo y reserva.

2. Para el ceviche: pica cada uno de los ingredientes en cubos pequeños, y el pescado en cubos. Mézclalos en un recipiente y salpimenta.

Sí me sale la sopa instantánea

Para botanear con una cerveza bien fría, aunque también para curar una resaca.

Para este libro elegimos varios ceviches; todos tienen rasgos que los hacen únicos. Uno de nuestros rincones favoritos de la Roma es Lucas Local, que se caracteriza por inyectar distintivos a platillos tradicionales mexicanos. Sin duda, uno de los mejores restaurantes de la ciudad.

"Es una mezcla de recuerdos: el primero era uno de los ceviches favoritos que hacía el abuelo de una amiga en Tijuana, y el otro el de una salsa carbonizada; de ahí salió este platillo", explica Alexander.

FOTOGRAFÍA DE
ROBERTO BELTRÁN

BURRITOS DE PESCADO

CAMPOBAJA ✕ EZEQUIEL HERNÁNDEZ

500 g de carne de pescado cocida y desmenuzada
250 g de jitomate guaje maduro en cubos medianos • 1 cebolla chica picada fina
2 ramas de cilantro picadas finas • 1 chile California picado (o 1/2 pimiento)
5 aceitunas sin hueso picadas • 1 diente de ajo hecho puré • 1 pizca de orégano seco
5 o 6 tortillas de harina grandes • 300 g de frijoles refritos • Aceite de oliva al gusto

1. Calienta una sartén con un poco de aceite y fríe ligeramente la cebolla y el ajo. Agrega el pescado para refreírlo; desmenúzalo más con la cuchara; cocina a fuego medio, moviéndolo para que se evapore el líquido; agrega el jitomate y el orégano. Una vez que está cocido, añade aceitunas y chile. Cocina por 5 minutos más y apaga el fuego. Agrega el cilantro, el aceite de oliva y mezcla todo. Calienta los frijoles y las tortillas. Embarra los frijoles en las tortillas, pon la machaca encima y enrolla.

Sí me sale la sopa instantánea

Un excelente desayuno dominical.

Campobaja, donde todo huele a familia, se distingue por la frescura de su producto traído desde Baja. Este gran comedor aloja algunas de las recetas familiares del chef Ezequiel. Su burrito es una sencilla y accesible opción de botana o para pasar un domingo perfecto al lado de tu cerveza favorita.

"Me acuerdo de mi familia y mi niñez. Normalmente en el rancho de mis padres, en las afueras de Ensenada, durante las fiestas se asaba u horneaba pescado; lo que sobraba se desmenuzaba al final de la noche y a la mañana siguiente comíamos burritos y tacos", platica Tatto.

CHILAQUILES DE CHISTORRA

ALELÍ ✕ JULIO ZAINOS

SALSA ROJA

10 jitomates • 5 chiles guajillo • 5 chiles morita • 1 cebolla • 5 dientes de ajo
250 g de cilantro • 250 g de masa • 2 l de caldo de pollo • Comino al gusto
2 clavos de olor • 6 granos de pimienta negra • Sal al gusto
Epazote al gusto • Masa nixtamalizada para espesar

CHILAQUILES

Salsa al gusto • Totopos al gusto • Queso Ocosingo al gusto
Crema ácida al gusto • Cebolla picada al gusto • Cilantro al gusto
Flor de calabaza al gusto • Chistorra al gusto

OTRAS RECOMENDACIONES PARA ACOMPAÑAR

Aguacate • Huevo al gusto • Lengua de res

FOTOGRAFÍA D
ALEJANDRA CARBAJA

1. Para la salsa: lava los jitomates y córtalos en cuatro; haz lo mismo con la cebolla y desvena los chiles. Precalienta una olla, agrega un poco de aceite vegetal e incorpora la cebolla, el jitomate y el ajo. Deja que se cocine y que los jitomates suelten su jugo. Al mismo tiempo, calienta en una sartén clavo, pimienta y comino, y agrégalos a la olla junto con los chiles desvenados y el epazote para infundir la mezcla. Disuelve un poco de masa en agua; agrega a la mezcla y cocina por 10 minutos para espesar la salsa. Sazona con sal. Retira del fuego, licúa y cuela para obtener una salsa más tersa.

2. Para los chilaquiles: pon aceite en una sartén profunda, fríe los totopos ligeramente y retira el exceso de aceite con una servitoalla. Corta la chistorra y dórala en otra sartén con su propia grasa. Pon la salsa en una olla y caliéntala un poco; integra poco a poco los totopos, en porciones individuales. Sirve en platos hondos y que cada quien agregue a su gusto crema, queso, cebolla y cilantro. También puedes ponerle aguacate, huevo al gusto o lengua de res.

Sí me sale la sopa instantánea

Para un desayuno familiar o después de una gran fiesta.

Si ya están aburridos de los típicos chilaquiles, Alelí tiene una gran versión llena de sabor. Aunque pareciera sencillo, la riqueza de ingredientes de este platillo lo hace uno de los mejores de la Ciudad de México. En estos chilaquiles encontrarás un totopo crujiente bañado en una salsa que, de resultar picante, se acompaña con un poco de crema y queso, que además hacen un *match* genial con la chistorra. Se puede sentir la frescura del cilantro y la cebolla. El chef Julio sugiere acompañarlo con un poco de aguacate o huevo.

"Es un platillo de apariencia sencilla, pero lleno de texturas y sabores".

BERENJENA CHARMOULA

PAPRIKA ✕ JOSEFINA SANTACRUZ

BERENJENA ROSTIZADA

2 kg de berenjena • Mezcla de trigo • 60 g de trigo quebrado • 210 ml de agua
½ cucharadita de sal • ½ taza de cilantro finamente picado
½ taza de hierbabuena finamente picada • 3 cucharadas de cebolla morada

CHARMOULA

1 cucharada de comino tostado y molido
1 cucharada de semilla de cilantro tostada y molida • 1 cucharada de paprika dulce
1 cucharada de paprika picante • 1 ½ cucharaditas de jengibre en polvo
9 dientes de ajo picados • 1 chile serrano desvenado y picado
2 ½ cucharadas de jugo de limón • 5 cucharadas de aceite de oliva
Sal al gusto • 1 pizca de pimienta

YOGURT CON HIERBABUENA

200 ml de yogurt natural sin azúcar • 2 cucharadas de hojas de hierbabuena
½ cucharadita de jugo de limón • Sal al gusto

1. Para las berenjenas: lávalas y sécalas bien. Con un cuchillo haz varias incisiones. Precalienta el horno a 200º y coloca las berenjenas. Revísalas de vez en cuando y retíralas cuando estén negras. Retíralas del horno y déjalas enfriar. Pélalas y machácalas.

2. Para la mezcla de trigo: pon a hervir agua y agrega el trigo cuando suelte el hervor; baja la temperatura y deja cocinar unos 8 minutos hasta que se esponje; retira del agua y escurre. Una vez frío, agrega el resto de los ingredientes, revuelve y reserva.

3. Para la charmoula: licúa todos los ingredientes hasta formar una pasta y reserva.

4. Para el yogurt con hierbabuena: mezcla los ingredientes y reserva.

5. Para servir: pon la berenjena en un plato para el horno, úntale la charmoula arriba y hornea unos minutos a 200º para que se caliente. Sácala, ponle yogurt y trigo.

Sí me sale la sopa instantánea

Servida con pan árabe, es una excelente entrada monchosa para compartir.

La berenjena puede ser o muy amada o muuuy odiada. Paprika es un recorrido por los rincones del Medio Oriente y es una maravilla de lugar. La carta es ideal para compartir y conocerás sabores inimaginables. A muchos nos gusta la berenjena, pero no sabemos cómo prepararla. Con esta receta podremos preparar una excelente entrada con pan árabe. La charmoula suena algo complicada, pero no lo es, así que intenta recrearla. ¡No te arrepentirás!

"El sabor del rostizado de la berenjena, lo picante y especiado de la charmoula, y el fresco y herbal del yogurt me encanta", confiesa Josefina.

TACOS DE CANTINA

LA EMBAJADA

✕

GUILLERMO GONZÁLEZ BERISTÁIN Y JUAN CARLOS SANTANA

MEZCLA DE JITOMATE

3 jitomates • 1 diente de ajo • ¼ de cebolla mediana

TACOS DE FIDEO

80 g de fideo mediano • 50 g de asado de puerco (como a ti más te guste)
30 g de adobo (tan picante o especiado como quieras) • 1 diente de ajo
1/8 de cebolla mediana finamente picada • 1 cucharada de aceite • Sal al gusto
Comino en polvo al gusto • Cilantro en polvo • 4 tortillas de maíz

1. Para la mezcla de jitomate: licúa todos los ingredientes, cuela y reserva.

2. Para los tacos de fideo: en una olla fríe ligeramente la cebolla y el ajo; cuando estén dorados agrega el fideo y también dóralo ligeramente. Vacía la mezcla de jitomate sobre el fideo. Sazona con sal, cilantro y comino en polvo. Tapa y deja cocer de 15 a 20 minutos a fuego medio. Mueve cada cierto tiempo para evitar que se pegue y queme. Agrega el asado y el adobo al fideo. Deja que se combine todo bien y sirve sobre las tortillas calientes.

Sí me sale la sopa instantánea

Para botanear con cualquier excusa.

Todos amamos el fideo seco y los tacos, así que la próxima vez que tengas antojo de fideo seco, prueba esta variante botanera de los chefs Guillermo González Beristáin y Juan Carlos Santana, de La Embajada.

¨Quería que recordara a la infancia, pues era lo que yo comía de niño, pero también que te trasladara a una cantina¨, explica el chef Santana.

ENTRO A LA COCINA SIN CORTARME UN DEDO

—

PIZZA DE CHORIZO CON BURRATA

LARDO ✕ ELENA REYGADAS

MASA DE PIZZA

1 kg de harina 00, también conocida como de media fuerza
700 ml de agua tibia • 4 g de levadura fresca • 2 g de levadura seca
5 g de sal • 10 g de aceite de oliva

PIZZA DE CHORIZO CON BURRATA

400 g de jitomate pelado • 3 g de sal fina • 50 ml de aceite de oliva
10 g de albahaca • 350 g de chorizo • 1 kg de masa de pizza
250 g de burrata rebanada • 10 g de mejorana

1. Para la masa de pizza: coloca en el recipiente de la batidora el agua con las levaduras y bate con un globo hasta disolver. Agrega en el mismo recipiente la harina y encima la sal; mezcla con el gancho a velocidad media. Pasados 5 minutos agrega aceite de oliva a la masa y sigue con el gancho hasta obtener una masa elástica y lisa. Deja reposar a temperatura ambiente durante 30 minutos. Porciona la masa en bolas de 200 g y déjala reposar en refrigeración de 6 a 8 horas.

2. Para la pizza de chorizo con burrata: licúa el jitomate y agrégale sal y aceite de oliva. Luego coloca en un recipiente y añade la albahaca. Hornea el chorizo a 180° durante 15 minutos; retira y, una vez tibio, rebana en rodajas de 2 centímetros. Precalienta el horno a 250°. Retira la masa del refrigerador 30 minutos antes de cocinar. Estira la masa sobre una superficie enharinada, agrega la salsa de jitomate y chorizo y hornea durante 12 minutos. Retira la pizza del horno y agrega 4 rebanadas de burrata, mejorana y un poco de aceite de oliva. Rebana y sirve.

Entro a la cocina sin cortarme un dedo

Una comida o cena con amigos.

Cuando nos enteramos de que la chef abriría su segundo restaurante después de nuestro amado Rosetta, por supuesto que teníamos todas las expectativas del mundo, y vaya que a poco más de dos años de su apertura nos sigue sorprendiendo con esta propuesta donde la charcutería es la protagonista. Sus pizzas al horno no son las tradicionales, pero tienen el toque italiano que ha hecho famoso a Rosetta.

"En la cocina, ninguna culpa; mucho placer", es uno de los dichos más famosos de la chef Elena Reygadas.

PHILLY CHEESE STEAK SANDWICH

ROAD GRILLER

✕

FERNANDA SUÁREZ
E YVES JAVIER GRANGUILLHOME MARTÍNEZ

Pan brioche alargado (tamaño hot dog) • 200 g de filete New York, corte delgado
1/2 cebolla blanca • 1/3 de pimiento rojo • 1/3 de pimiento verde
1/3 de pimiento amarillo • 1 portobello grande
Queso Cheddar líquido (tipo salsa de queso) • Sal al gusto • Pimienta al gusto
Ajo en polvo al gusto • Mantequilla al gusto • Aceite de canola al gusto

FOTOGRAFÍA DE
ROBERTO BELTRÁN

1. Rebana en tiras delgadas todas las verduras. Sazona el New York con sal y pimienta. Corta el pan brioche por el centro, sin separar por completo. En una plancha caliente saltea las verduras con un poco de aceite, sal, pimienta y ajo en polvo hasta que estén cocidas y separa en un tazón. Cuece la carne en la plancha y rebana en tiras delgadas. Tuesta el pan en la plancha con mantequilla por ambos lados. Calienta en una olla pequeña la salsa de queso, agrega pimienta y mezcla hasta que esté caliente y líquida. Rellena el pan con las tiras de New York, coloca encima la mezcla de verduras y baña con salsa de queso. Sirve y disfruta.

Entro a la cocina sin cortarme un dedo

Para cuando tengas mucha, muuuucha hambre y no quieras sentir remordimientos.

Hace unos años vivimos un boom de los *foodtrucks*: pasamos de tener unos cuantos a tener más de cien. Dentro de todos, éste destaca, no sólo por sus maravillosas Deep Fried Oreos, sino por su propuesta y por la calidad de sus alimentos. Este sándwich, dice la chef, es su favorito de la infancia. La recomendación es tener un buen pan: Road Griller recomienda uno de 12 granos.

¿SABÍAS QUE?

—

Lo puedes encontrar en el Autocinema Coyote de Polanco y en Uber Eats.

CHILAQUILES CON ARRACHERA Y AGUACATE GRATINADOS EN SALSA DE CHIPOTLE CON FRIJOL

CHILPA ✕ ANTONIO NIETO

TOTOPOS
1 l de aceite • 500 g de tortilla

SALSA DE FRIJOL
400 g de frijoles cocidos • 5 g de ajo en polvo
9 g de sal • 15 g de epazote

SALSA DE CHIPOTLE
70 g de chipotle de lata • 400 g de jitomate • 350 ml de agua
20 g de cebolla • 5 g de ajo • 4.5 g de sal de mar
3 g de sazonador a base de vegetales

MONTAJE
1 kg de arrachera en 5 piezas • 3 aguacates
300 g de queso manchego rebanado • 360 g de totopos tradicionales

FOTOGRAFÍA DE
ROBERTO BELTRÁN

1. Para los totopos: una noche antes, corta la tortilla en triángulos. Déjala toda la noche para que se seque: además de que toma mejor forma, la podrás freír con menos aceite. Pon el aceite en una freidora o arrocera pequeña; ya que esté muy caliente, agrega cuidadosamente las tortillas y mueve constantemente. Retíralas cuando tomen un poco de color.

2. Para la salsa de frijol: una vez que tengas el frijol cocido, licúalo agregando poco a poco agua (utiliza entre 200 y 250 ml). Vierte la salsa en una olla; antes del primer hervor, agrega el epazote (enrollado); sazona con ajo y sal de mar. Retira el epazote.

3. Para la salsa de chipotle: muele el chile chipotle; si es necesario, agrega un poco de agua. Reserva. Corta los jitomates a la mitad y colócalos en una olla con 250 ml de agua; agrega la cebolla y el ajo. Pon la olla en el fuego. Una vez que esté hirviendo, agrega 100 ml más de agua; deja la preparación por 5 minutos más y apaga. Licúa y regresa la salsa a la misma olla hasta que dé otro hervor. Agrega la sal y el sazonador; apenas empiece a hervir, apaga y agrega los chipotles molidos; mezcla bien y deja reposar.

4. Para montar: coloca en el fondo del plato los totopos; báñalos con las salsas y agrega 3 rebanadas de queso de 20 gramos. Cocina la arrachera al término deseado; córtala en cuadritos y colócala sobre los totopos. Finalmente, corta el aguacate a la mitad, retira la cáscara y el hueso, corta la pulpa en forma vertical y disponla sobre la arrachera.

Entro a la cocina sin cortarme un dedo

Los chilaquiles tan ricos, tradicionales, vastos en sabores y nutrientes se antojan a cualquier hora.

Insistimos: lo rico no tiene que ser complejo. Dentro de la Condesa está Chilpa, un lugar en donde puedes armar tus chilaquiles a tu gusto. La que aquí presentamos es nuestra versión favorita. Nada puede salir mal si incluyes frijoles y chipotle en un mismo plato, ¿cierto?

"Este es un grato recuerdo de mi niñez. Desde siempre me han gustado las tortas y amaba que mi lunch fuera una torta hawaiana con chipotle", dice Toño.

FLATBREAD SPICY CHORIZO, MOZZARELLA Y JITOMATE

BONITO POP FOOD ✕ PAUL BENTLEY

CHILES ENCURTIDOS

1 kg de jalapeños en rodajas • 900 ml de mirin • 100 ml de vinagre de arroz
12 g de semilla de cilantro • 3 g de anís estrella • Sal al gusto • Azúcar al gusto

CEBOLLA CARAMELIZADA

500 g de cebolla blanca • 2 g de sal • 75 ml de aceite

MASA DE PIZZA

540 g de harina • 510 g de harina 00, también conocida como harina de media fuerza
16 g de levadura fresca • 50 g de aceite de oliva • 750 g de agua • 30 g de sal

FLATBREAD SPICY CHORIZO

150 g de masa para pizza • 50 g de salsa pomodoro • 80 g de mozzarella
20 g de cebolla caramelizada • 80 g de chorizo cocido • 20 g de hojas de cilantro
10 g de chile jalapeño encurtido

FOTOGRAFÍA DE
ROBERTO BELTRÁN

1. Para los chiles encurtidos: pon todos los ingredientes en una olla y hierve; sazona con sal y azúcar hasta equilibrar el encurtido. Retira del fuego y deja entibiar. Vierte los chiles y deja reposar por lo menos 4 horas.

2. Para la masa de pizza: agrega todos los ingredientes secos en un tazón de batidora y mezcla. Poco a poco incorpora los elementos líquidos en tres partes, de manera que no queden grumos. Deja reposar por 5 minutos; agrega sal y bate por otros 5 minutos. Deja reposar.

3. Para el flatbread: estira la masa de manera rectangular. Dispón una capa de pomodoro y luego todos los demás ingredientes, salvo las hojas de cilantro. Hornea por unos 15 minutos a 180° o hasta que esté cocida.

4. Para la cebolla caramelizada: corta la cebolla por la mitad y luego en rebanadas delgadas. Calienta el aceite en una cacerola y añade la cebolla y una pizca de sal. Deja cocinar a fuego bajo hasta que la cebolla empiece a agarrar un color dorado, siempre controlando que no se pegue.

Entro a la cocina sin cortarme un dedo

Para una reunión familiar o de amigos en donde no quieras caer en lo de siempre y pedir una pizza. Ésta es una gran opción para reemplazarla y quedarás muy bien con todos.

Somos fans del trabajo de Bentley en Magno Brasserie, en Guadalajara, y que tome las riendas de Bonito hace una gran diferencia. Al recrear este platillo no dejen de lado la cebolla caramelizada: es esencial.

¿SABÍAS QUE?

El chef australiano acaba de tomar las riendas de este lugar de la Condesa para darle un giro de 180 grados.

FOTOGRAFÍA DE
ALEJANDRA CARBAJAL

GORDITAS DULCES DE ANÍS

EL BAJÍO ✕ CARMEN "TITITA" RAMÍREZ

1/2 kilo de masa de maíz (se puede comprar en la tortillería) • 1/2 taza de agua
1 cucharadita de anís • 1/2 taza de manteca • 3 cucharadas de harina de trigo
1 barra de piloncillo de tamaño regular

1. Hierve el agua con el anís y cuela las semillas. Pon nuevamente al fuego, pero ahora con el piloncillo rallado; espera a que se deshaga por completo, deja enfriar y guarda. Mezcla muy bien la masa, la manteca y la harina. Agrega poco a poco el agua de piloncillo y anís a la masa hasta obtener una textura tersa; si fuera necesario, agrega más harina. Forma bolas del tamaño deseado con la masa y aplana hasta que queden como tortillas gruesas. Fríe en aceite muy caliente: éste es el secreto para que la masa cruda se hinche. Sírvelas calientes y acompañadas con un café negro.

Entro a la cocina sin cortarme un dedo

Para desayunar con un café negro y piloncillo.

La cocina de El Bajío está inspirada en la infancia de su fundadora, Carmen "Titita" Ramírez. Las gorditas infladas de anís son de esos platos por los que uno regresa una y otra vez. De su menú hay que probar también las maravillosas infladitas saladas. Recomendamos comer estas gorditas dulces acompañadas de un café de olla.

¿SABÍAS QUE?

———

Para este platillo, Carmen "Titita" Ramírez dice haberse inspirado en las famosas air baguettes —o airbags— del chef Ferran Adrià.

SOPA SECA DE NATAS

NICOS ✕ GERARDO VÁZQUEZ LUGO

CREPAS
240 ml de leche • 5 huevos • 230 g de harina • Mantequilla, la necesaria

SALSA
1 kg de jitomates • 240 ml de nata • Sal al gusto

RELLENO
1/2 pechuga de pollo • 1/4 de cebolla blanca • 3 ramas de cilantro
4 chiles poblanos • Agua, la necesaria • Sal al gusto

HORNEAR
115 g de mantequilla

FOTOGRAFÍA DE
MICHELLE BURGOS

1. Para las crepas: mezcla leche, huevos y harina en un tazón hasta formar una masa; deja reposar por 30 minutos. Calienta una sartén del tamaño que quieres las crepas, derrite un poco de mantequilla y vierte un poco de la masa hasta crear una capa muy delgada sobre el sartén. Deja que se cocine por aproximadamente uno o dos minutos hasta que sea fácil voltear; voltea la crepa para que se termine de cocer. Retira y ponla en un contenedor. Repite todo el proceso hasta que se termine la masa; cubre el contenedor con un trapo húmedo.

2. Para la salsa: hierve los jitomates hasta que estén suaves, remueve el agua que sobra y licúa los jitomates. Cuela la salsa para deshacerte de las semillas. Lleva la salsa a fuego medio hasta que evapore un poco del agua y se vuelva un puré. Mezcla dos tercios del puré de jitomate con la nata hasta que se incorpore bien; añade el resto del puré. Sazona con sal y vuelve a licuar. Reserva.

3. Para el relleno: hierve la pechuga de pollo en suficiente agua por 45 minutos con las cebollas cortadas toscamente, cilantro y sal. Saca el pollo del caldo, deja enfriar y desmenuza. Tatema chiles poblanos directamente al fuego de la estufa, procurando que la piel se carbonice parejo; inmediatamente después ponlos en una bolsa de plástico, ciérrala y deja que suden por 10 minutos. Saca los chiles de la bolsa y raspa ligeramente con un cuchillo para retirar las partes carbonizadas, pero sin que se dañen. Realiza una incisión larga en cada chile para quitar las venas y semillas; corta en rebanadas delgadas.

4. Para hornear: pon una capa de mantequilla en una sartén para hornear de aproximadamente 25 centímetros y buena profundidad. Pon salsa en el fondo, luego una crepa, otra capa de salsa, pollo y algunas rebanadas de chile poblano. Repite las capas hasta que no te queden más crepas ni relleno. Vierte lo que queda de salsa encima y remata con cubos de mantequilla. Precalienta el horno a 200° y cocina por aproximadamente una hora o hasta que se dore la parte superior. Retira del horno, corta en 8 porciones iguales y sirve.

Entro a la cocina sin cortarme un dedo

Para disfrutar de los sabores mexicanos.

60 años de tradición y de ser el alma de la colonia Clavería. Platos van y vienen del menú, pero esta sopa seca de natas es un parteaguas en la historia del lugar fundado por Elena Lugo y su esposo, Raymundo Vázquez. Su hijo, el chef Gerardo Vázquez Lugo, le ha dado continuidad al emblemático lugar con respeto y amor por las tradiciones de la comida mexicana.

¿SABÍAS QUE?
—

Este plato es la razón por la cual muchas personas se transportan al norte de la ciudad.

PIZZA DIAVOLA

MACELLERIA ✕ MARIÁNGEL GARIBAY

MASA DE PIZZA
1 sobre de levadura seca o instantánea (aproximadamente 7 g) • 1 taza de agua tibia
1 cucharada de azúcar • 2 1/4 tazas de harina • 1 cucharadita de sal
Aceite de oliva, cantidad suficiente

PARA TERMINAR LA PIZZA
1/2 taza de salsa pomodoro • 180 g de queso mozzarella rallado
80 g de salami picante

1. Precalienta el horno a 200°.

2. Para la masa de la pizza: disuelve el sobre de levadura y azúcar en agua tibia; deja reposar hasta que doble su tamaño y esté burbujeando. Coloca la harina en un tazón y mezcla con la sal. Haz un hueco al centro y coloca la mezcla de la levadura. Incorpora con los dedos y amasa hasta que la mezcla sea homogénea. En otro tazón pon un poco de aceite de oliva y esparce bien por todo el envase. Coloca la masa en el tazón y deja reposar en un lugar tibio hasta que doble su tamaño. Después, divídela en dos y estira la primera parte en forma redonda.

3. Para terminar la pizza: coloca la salsa sobre la masa estirada esparciendo bien por toda la parte superior. Espolvorea el queso y, sobre él, las rebanadas de salami picante. Colócala en una charola y hornea por 20 minutos aproximadamente o hasta que la base esté cocida y el queso derretido. Repite la operación con la otra mitad de la masa.

Entro a la cocina sin cortarme un dedo

Una reunión de viernes con amigos, un domingo de familia, una cita romántica o a solas viendo una película.

La pizza también se puede comer en compañía y la experiencia puede empezar desde la preparación de la masa, ideal para un domingo en familia o una cita romántica. En Macelleria encontramos el sazón casero italiano de la chef Mariángel Garibay, quien en esta receta nos comparte esos sabores tan tradicionales de la pizza al estilo 100% italiano.

"Este platillo fue una inspiración de la comida clásica italiana con un salami picante que hace que la pizza tenga un toque diferente e inesperado", platica Mariángel.

TACOS AL PASTOR

RULFO ✕ ALEJANDRO ESCUDERO

PASTOR

250 g de chile guajillo • 250 ml de jugo de naranja • 150 g de cebolla blanca
150 g de pasta de achiote • 5 g de orégano • 50 ml de vinagre manzana
Sal y pimienta al gusto • 500 g de cabeza de lomo de cerdo
50 ml de aceite vegetal • 250 g de cebolla blanca fileteada

ACOMPAÑAMIENTOS

Tortillas, cantidad suficiente • Piña al gusto
Cilantro al gusto • Cebolla al gusto

FOTOGRAFÍA DE
MICHELLE BURGOS

1. Retira las semillas y venas del chile guajillo. Hiérvelo hasta que esté suave. Licúalo con jugo de naranja, cebolla en trozos, achiote, orégano, vinagre, sal y pimienta hasta obtener una salsa tersa y un poco espesa. Reserva. Corta la carne en tiras muy finas. Reserva.

2. Calienta el aceite en una sartén y añade la cebolla fileteada; cocina hasta que esté transparente (entre 5 y 8 minutos). Reserva.

3. En la misma sartén agrega la carne fileteada y cocina a fuego alto hasta que comience a dorar; incorpora la cebolla previamente cocinada, mezcla y agrega la salsa poco a poco. Cocina todos los ingredientes durante 10 minutos. Rectifica la sazón. Sirve acompañado de tortillas de maíz, piña, cilantro y cebolla.

Entro a la cocina sin cortarme un dedo

Para una reunión dominical de futbol y cerveza artesanal.

En este lugar la cocina que destaca es la latinoamericana: puedes encontrar desde cortes de carnes y ceviches peruanos hasta estos tacos de adobo increíbles. Los tacos al pastor son esenciales en la vida de muchos mexicanos y quizás esté en nuestro ADN el saber cómo prepararlos. Por ello, de la mano del chef Alejandro Escudero de Rulfo, prepárense para tener esta receta siempre a la mano, al igual que la de la salsa verde, que podrás encontrar en nuestra sección de menjurjes.

¿SABÍAS QUE?

En Rulfo, restaurante del hotel Hyatt Regency Mexico City, hay que probar el brunch dominical.

COLES DE BRUSELAS

FAT BOY MOVES YUCATÁN
✕
ALLEN NOVECK Y MARÍA FERNANDA MILLÁN

VINAGRETA
120 ml de jugo de limón • 220 ml de jugo de naranja
30 g de doenyang (pasta de frijol de soya)
250 ml de aceite de canola, girasol o cártamo

COLES DE BRUSELAS
250 g de coles de Bruselas • Vinagreta
Cacahuates tostados al gusto

FOTOGRAFÍA DE
ALEJANDRA CARBAJAL

1. Para la vinagreta: pon azúcar en una sartén a fuego bajo y cubre apenas con agua sin que esté totalmente sumergida. Espera hasta que poco a poco se derrita el azúcar; si es necesario, muévelo, pero lo menos posible. Nota: si se crean cristales en las orillas, con una brocha mojada con agua bájalos al caramelo. Deja el caramelo en el fuego hasta que adquiera un color dorado. Añade los jugos de los cítricos y deja disolver en el calor. Deja enfriar el caramelo un poco y mezcla con el aceite. Por último, añade el doenyang y reserva.

2. Para las coles: límpialas, pon aceite en una sartén y fríelas hasta que estén doradas. Sirve en el plato y baña con la vinagreta. Por último, decora con los cacahuates tostados.

"Lo simple dice más", y este platillo lo deja muy en claro.

Entro a la cocina sin cortarme un dedo

Allen y Marifer lo recomiendan para una reunión de amigos o una cita con esa persona especial, ya que lograrás que diga "¡sí!" a las coles de Bruselas, e impresionarás a todos con la combinación de sabores.

Cómo olvidar esas horas en la que nuestros padres nos dejaban en la mesa hasta que los vegetales dejaran de inundar el plato, mientras te hacías pato picando de un lado a otro. Escuchar col de Bruselas era escabroso, nada interesante y, por mucho, horrendo. Los chicos de Fat Boy Moves, los chefs María Fernanda Millán y Allen Noveck, han hecho de las coles su inspiración. "Cuando hicimos el platillo por primera vez queríamos crear algo lleno de sabor, usando un vegetal que normalmente tiene mala fama por su sabor amargo", comentan los chefs.

PAN FRANCÉS

CATAMUNDI ✕ PABLO CARRERA Y PATY KURI

PAN
2 Rebanadas de 6 cm de grosor de pan brioche • Mantequilla al gusto

MEZCLA
250 ml de crema para batir • 3 huevos • La ralladura de una naranja
La ralladura de una toronja • La ralladura de una mandarina
La ralladura de un limón amarillo • La ralladura de un limón verde
1 vaina de vainilla (abrir la vaina y raspar las semillas en la mezcla)

COMPOTA DE FRUTOS ROJOS
100 g de zarzamora • 100 g de frambuesa • 100 g de mora azul • 100 g de fresa
100 g de azúcar estándar • 200 ml de agua • 6 granos de pimienta rosa

MASCARPONE
100 g de mascarpone • 10 g de frutos rojos liofilizados

PARA ESPOLVOREAR
200 g de azúcar refinada • 15 g de canela molida

1. Para la mezcla: combina todos los ingredientes en un tazón y reserva durante dos horas en el refrigerador para que los cítricos suelten sus aceites.

2. Para el pan francés: sumerge las rebanadas de pan brioche para que absorban la mezcla hasta el centro. Nota: si hace falta, elabora más mezcla. En una sartén caliente con mantequilla ya derretida pon una por una las rebanadas hasta dorar de ambos lados. Mezcla el azúcar y la canela para luego pasar el pan y que se le adhieran mientras todavía está caliente.

3. Para la compota: coloca todos los ingredientes en una olla a fuego bajo y mueve ocasionalmente durante una hora. Reduce hasta tener una consistencia espesa, pero que fluya.

4. Para el mascarpone: pon el mascarpone y los frutos liofilizados en un tazón y mezcla con un miserable de manera envolvente. Finalmente pon el pan francés en un plato, agrega la compota y el mascarpone al gusto, o ponlos en tazones pequeños para que tus invitados lo agreguen a su gusto.

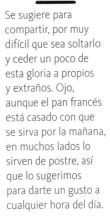

Entro a la cocina sin cortarme un dedo

Se sugiere para compartir, por muy difícil que sea soltarlo y ceder un poco de esta gloria a propios y extraños. Ojo, aunque el pan francés está casado con que se sirva por la mañana, en muchos lados lo sirven de postre, así que lo sugerimos para darte un gusto a cualquier hora del día.

¿Quién le dice que no a un pan con miel? Desde pequeños lo amamos y pedimos todo el tiempo y en donde sea, sea un pan francés o unos hot cakes. Ahora imagina un pan brioche de la mejor calidad: grueso, con mucha mantequilla, con frutos rojos y, para coronar esta maravilla, mascarpone. Se trata de un pan francés en esteroides que puedes recrear o comer en Catamundi. Pablo Carrera y Paty Kuri nos dicen que querían un pan francés goloso y divertido, "lleno de sabores, colores y texturas". ¡Vaya que lo logran!

"El Pan Francés de Catamundi es delicioso y te abraza el alma. Es de esos platos que de la vista nace el amor, pero una vez que lo pruebas supera tus expectativas", comentan Pablo y Paty.

PETROLERA

LA CAPITAL X ÓSCAR SÁNCHEZ

140 g de bistec de res
120 g de queso hebra añejo; también puedes usar queso Oaxaca
50 g de frijoles refritos sazonados con hoja de aguacate
1 tortilla de maíz con un diámetro de 35 cm

1. Sazona y cocina el bistec al gusto, corta en cuadros y reserva. Calienta la tortilla, de preferencia a las brasas, para después untarle los frijoles. Agrega el queso de hebra y el bistec. Dobla la tortilla por la mitad y colócala nuevamente en el fuego hasta que quede crujiente. Sirve con la salsa de tu elección (puedes encontrar recomendaciones en nuestro capítulo sobre salsas y menjurjes).

Entro a la cocina sin cortarme un dedo

Cualquiera. Este plato, al igual que muchos otros mexicanos, puede ser informal y al mismo tiempo cumplidor para lucirte con pocos elementos en una cena. También sirve como botana para una ocasión en donde te quieras lucir.

Desde joven, el chef Óscar siempre ha tenido como referencia la comida mexicana de la calle, esos antojitos que nos detenemos en cualquier momento a degustar, o aquellos que preparamos en casa y que nos traen a la memoria imágenes de la infancia y por tanto, de nuestra familia.

La Capital es de nuestros lugares felices, y esta tlayuda es deliciosa: incluyendo bistec y queso, el resultado tiene elementos que complacen a todos. En palabras del chef Óscar, su sencillez y evocación de imágenes nos permite compartir sensaciones familiares.

FIDEO SECO DE CAMARÓN

LAMPUGA ✕ EMMANUEL ZÚÑIGA

ALIOLI DE GUAJILLO
250 g de crema dulce • 100 g de crema ácida
45 g de chile guajillo, limpio y sin semillas

FIDEO SECO
400 g de fideo del número 1 • 400 g de jitomate guaje
150 g de cebolla blanca • 1 diente de ajo
20 g de chile guajillo, sin semillas y frito • 2 g de sal
2 g de pimienta negra recién molida
300 g de camarón pacotilla cocido • 40 g de alioli de guajillo • 5 g perejil frito

FOTOGRAFÍA DE
ALEJANDRA CARBAJAL

1. Para el alioli: fríe el guajillo, teniendo cuidado de no freírlo demasiado ya que esto amarga el chile. Pon las cremas y los chiles troceados en la licuadora y muele hasta lograr una mezcla homogénea, parecido a una crema batida. Sazonar y mantener en refrigeración.

2. Para el fideo seco: fríe el jitomate, la cebolla y el ajo hasta que estén color café claro. Fríe el guajillo igual que para el alioli. Muele todos los ingredientes anteriores con un poco de agua. Vacía en una olla caliente, rectifica la sazón y deja que hierva la salsa.

3. Fríe el fideo hasta que tenga un color dorado uniforme y agrégalo a la salsa. Déjalo a fuego medio teniendo cuidado de que no se pegue y espera a que se evapore todo el líquido.

4. Agrega los camarones cocidos y mezcla bien. Sirve en el plato y decora con el perejil frito y el alioli de guajillo. Acompáñalo con rebanadas de aguacate.

Entro a la cocina sin cortarme un dedo

Para una comida familiar, al centro y para compartir.

El fideo sabe a infancia: es calidez, es perfección. Ahora, súmale camarones. ¿El resultado? Uno de los fideos secos más armónicos posibles. Lampuga nos enseña que lo bien hecho no tiene que ser complejo, y este plato es prueba de ello.

"A todo mundo le cae bien una sopita y la de fideo es de las más ricas y reconfortantes. Se le agregó el camarón para hacerla estilo Lampuga", nos platica Emmanuel.

BIBIMBAP

FAT BOY MOVES
✕
ALLEN NOVECK Y MARÍA FERNANDA MILLÁN

SALSA
40 ml de aceite de ajonjolí • 35 ml de aceite neutral • 3/4 de taza de catsup
3/4 de taza de jarabe de maíz • 1 cucharada de vinagre blanco
1 cucharada de azúcar • 2 cucharaditas de ajo picado
1 taza de gochuyang (salsa coreana picante) • 1/2 taza de agua

VERDURAS
1 calabaza mediana • 2 zanahorias medianas • 200 g de germen de soya
6 dientes de ajo • 30 g de jengibre picado • Sal al gusto

HONGOS
6 hongos shiitakes • Sal y azúcar al gusto

ARROZ
1/2 taza de arroz • 1 taza de agua • 1 huevo
1 cebolla cambray en juliana • Alga en juliana

FOTOGRAFÍA DE
ALEJANDRA CARBAJAL

1. Para la salsa: pon todo en la licuadora y mézclalo bien.
2. Para las verduras: corta todas las verduras en juliana y saltea con ajo y jengibre empezando por las más duras hasta las más suaves para que todas estén listas al mismo tiempo. Sazonar con sal.
3. Para los hongos: rebana los shiitakes e hidrátalos en agua con sal y azúcar al gusto.
4. Para el arroz: limpia el arroz en agua para remover piedras y arroces en mal estado. Pon el arroz limpio en una olla con el agua a fuego medio. Deja de 20 minutos a media hora hasta que se cueza el arroz; de ser necesario, añade un poco más de agua. Fríe el huevo en una sartén con suficiente aceite. Pon el arroz en un tazón de cerámica, pon la salsa encima, coloca el huevo y encima de éste las verduras. Decora con el alga.

Entro a la cocina sin cortarme un dedo

Cuando quieran comer algo reconfortante pero saludable, dicen los chefs. También es ideal para compartir.

Comfort food en toda su expresión. Este fue uno de los primeros platos que probamos cuando Fat Boy Moves abrió y vaya que nos sorprendió. No es un lugar coreano ni tampoco de comida gringa. Es una mezcla donde te vas a sentir consentido con un sinfín de sabores nuevos y excitantes. El bibimbap es una mezcla de arroz, huevo y verduras bañado con salsa coreana que hará que quieras comerlo una y otra vez. Además, la variedad de verduras y texturas lo hacen muy saludable y exquisito.

¿SABÍAS QUE?
—

Al chef de raíces coreanas, Allen Noveck, le recuerda a Corea y a lo más tradicional de esa cocina.

CHALUPA DE CAMARÓN CONFITADO

MOYUELO ✕ FERNANDO HERNÁNDEZ

CHIPOTLE EN POLVO

6 piezas de chipotle seco

SALSA DE CAMARÓN SECO

130 g de camarón seco • 1 kg de jitomate • 150 g de cebolla blanca
Chipotle en polvo • Pimienta al gusto • Agua

LIMÓN EN CONSERVA

4 limones amarillos • 1/2 taza de azúcar • 7 cucharaditas de sal
1 cucharadita de semilla de cilantro • 1 clavo • 2 piezas de canela
6 piezas de pimienta gorda • 3 tazas de agua

ZANAHORIAS ENCURTIDAS

2 zanahorias grandes • 1 cucharadita de tomillo • 1 cucharadita de orégano
500 ml de vinagre blanco • 250 ml de agua • Sal y pimienta al gusto

GREMOLATA

6 semillas de cilantro • 15 g de perejil • 20 g de limón en conserva
Aceite de oliva extra virgen • 3 limones amarillos • Sal al gusto

CAMARONES

6 piezas de camarón U16 • 250 ml de grasa de cerdo

PARA MONTAR

10 tortillas de maíz azul • Media cebolla roja en julianas delgadas
100 g de cilantro recio • Aceite de oliva virgen extra • Sal de mar

FOTOGRAFÍA DE
CHRISTIAN MARTÍNEZ

1. Para el chile chipotle seco: retira las semillas del chile. Dora los chipotles en una sartén a fuego bajo hasta que estén crujientes, pero no quemados. Hidrata los chiles en agua caliente, licúa y pásalos por un chino fino. Deja secar.

2. Para la salsa: en una olla coloca los jitomates cortados en cuatro piezas junto con el camarón seco, la cebolla y el ajo a fuego lento, hasta que el jitomate se haya cocinado. Licúa y pasa por un chino fino. Sazona con sal, pimienta y añade también el chipotle en polvo. Termina de sazonar.

3. Para el limón en conserva: usando un cuchillo para pelar corta profundamente los 4 limones limpios longitudinalmente de 4 a 5 veces. Mezcla azúcar, sal, semillas de cilantro trituradas, clavo de olor y 3 tazas de agua en una olla. Hierve los limones de 10 a 12 minutos, apártalos y déjalos enfriar. Retira la cáscara, límpiala bien y corta en *petit brunoise* (cubos de 1 mm).

4. Para la zanahoria en escabeche: corta la zanahoria en cuatro lados a lo largo y con un pelador haz rebanadas largas. Pon una olla con agua a fuego lento con vinagre, sal, pimienta y hierbas de olor. Deja hervir, agrega las zanahorias y retira del fuego.

5. Para la gremolata: mezcla en un tazón ajo y perejil picados, aceite de oliva extra virgen, limón en conserva, jugo de limón y sal al gusto. En una olla a fuego lento confita el camarón con la grasa de cerdo hasta que esté tierno y cocinado.

6. Para la presentación: en una sartén fríe las tortillas con un poco de grasa de la que se usó para el camarón. Agrega la salsa de chipotle y camarón sobre la tortilla. Coloca la tortilla en un plato y los camarones sobre la tortilla. Agrega gremolata, zanahoria en escabeche, cilantro recio, cebolla roja; termina con un poco de sal marina y aceite de oliva extra virgen.

"La tortilla es uno de los pilares de nuestra comida diaria que incluso se utiliza como una cuchara comestible. Una chalupa es básicamente una de las muchas subespecies del taco", comenta Fernando.

Entro a la cocina sin cortarme un dedo
Nota: Hay que advertir que este plato, aunque no es complicado, sí es laborioso, pues lo integran muchas pequeñas preparaciones.

Gran opción de comida para Cuaresma o como un plato para picar y compartir. Poner varias chalupas en un platón al centro: ¡ideal!

Dupla de ensueño: chalupa y camarón confitado. Moyuelo es de esos rincones de Puebla adonde regresamos una y otra vez. El chef Fernando Hernández ha querido refrescar los viejos clásicos de la cocina poblana.

"Creo que ignoramos el valor gastronómico de los antojitos sencillos de todos los días... Cualquier plato, por común que sea, puede ser tan sorprendente y elegante como se desee simplemente tomándolo en serio en cada paso de su creación y elaboración en el día a día", finaliza el joven chef.

SOPE DE TUÉTANO

COMEDOR JACINTA ✕ EDGAR NÚÑEZ

4 sopes de 7 cm de diámetro • 4 tuétanos de 5 cm de altura
100 g de frijoles refritos • 40 ml de crema ácida • 40 g de queso fresco
Salsa de tu elección al gusto • Sal de mar al gusto

1. Calienta los sopes, los frijoles y el tuétano, este último en caldo.

2. Coloca el sope, encima los frijoles, remueve la grasa del tuétano y ponla en el sope, termina con sal de mar. Arriba pon crema, queso y la salsa.

Entro a la cocina sin cortarme un dedo

"El sope y la sopa son para todos los días, en especial en invierno", en palabras de Núñez.

Tuétano más sope. ¿Cuándo nos íbamos a imaginar que los veríamos juntos? Si eres amante del tuétano, seguro lo comes en cualquier presentación, pero tenerlo en un sope maximiza el sabor.

En palabras del chef, los sopes eran algo muy común en su casa. "Pensando en cómo los ingleses lo embarran en pan, se nos ocurrió montarlo en un sope tradicional", comenta Edgar.

"Este plato me recuerda mucho a mi casa y mi infancia", comenta su creador Edgar Nuñez.

TACOS DE CAMARÓN ESTILO ROSARITO

EMBARCADERO ✕ EMMANUEL ZÚÑIGA

SALSA VERDE

1 kg de tomate verde, lavado • 50 g de cebolla blanca • 1 diente de ajo
1 aguacate • 20 g de cilantro, lavado y desinfectado • 80 g de chile cuaresmeño
Sal y pimienta negra recién molida

ADEREZO ROSARITO

300 g de mayonesa • 90 g de crema ácida
Media lata de chile chipotle, molido y colado • 10 g de salsa sriracha

FOTOGRAFÍA DE
ALEJANDRA CARBAJAL

TACOS DE CAMARÓN

150 g de camarón pacotilla crudo • 1 cerveza clara
Harina para empanizar • 30 g de aguacate en rebanadas
30 g de corazón de lechuga, deshojado y desinfectado
3 tortillas de harina • 15 g de aderezo Rosarito • 50 ml de salsa verde

1. Para la salsa verde: muele todos los ingredientes en la licuadora y rectifica la sazón.
2. Para el aderezo Rosarito: mezcla todos los ingredientes hasta obtener una mezcla homogénea.
3. Para los tacos: pasa los camarones crudos por la cerveza y la harina, y fríelos en una olla con suficiente aceite caliente. Una vez fritos, mézclalos con el aderezo Rosarito.
4. Calienta las tortillas de harina y encima de ellas pon una hoja de corazón de lechuga, los camarones rebozados y una rebanada de aguacate. Acompaña con salsa verde.

Entro a la cocina sin cortarme un dedo

Reunión de amigos en casa y para compartir, o para la época de Cuaresma.

El hermanito pequeño y *cool* de Lampuga tiene en su menú este taco que nos gusta para cualquier hora del día: taco + camarones + chipotle + alioli. ¿Qué más podemos pedir? Este aderezo junto con los camarones forma la mezcla perfecta y su sabor no decepciona a nadie. Agrega una cerveza y tendrás una grandísima botana.

"A todo el mundo le gusta un buen taco", dice Emmanuel Zúñiga.

QUESO FUNDIDO CON CHORIZO DE PESCADO Y CAMARÓN

DE MAR A MAR ✕ ADRIÁN RÍOS

150 g de queso Oaxaca orgánico • 80 g de pescado blanco en cubos
35 g de camarón 20/30 blanqueado en cubos • 10 ml de aceite vegetal
20 g de adobo de chile guajillo • 3 g de zanahoria • 3 g de cebolla
3 g de apio • 5 g de jitomate • 3 g de calabaza • 3 g de cilantro
3 g de chile poblano • 2 g de ajo • 2 g de chile cascabel • 4 tortillas harina

FOTOGRAFÍA DE
ROBERTO BELTRÁN

1. Corta en *brunoise* (cubos de 2 mm) cebolla, zanahoria, calabaza, apio y jitomate; agrega chile poblano, ajo y chile cascabel al gusto. Luego, en una sartén sofríelos (es decir, fríelos ligeramente) para luego agregar los cubos de pescado y camarón hasta alcanzar la cocción deseada; de preferencia que estén bien dorados. Agrega por último el adobo de chile guajillo, revuelve y aparta.

2. En otra sartén funde el queso a fuego lento. Una vez fundido, agrega el pescado y el camarón. Sírvelo en la sartén y termínalo con el cilantro en *chiffonade* (tiritas largas y delgadas). Acompaña con las tortillas de harina calientes.

Entro a la cocina sin cortarme un dedo

Es una entrada ideal para compartir con los amigos, o a lo mejor un plato para matar un antojo, sobre todo si va acompañado de salsa de habanero tatemado y una cerveza bien fría.

En una esquina de la caótica colonia Juárez, en el corazón de la Zona Rosa, yace este oasis. Créannos que cuando entren se les olvidará por completo el tráfico y disfrutarán de una gran comida. De Mar a Mar nos comprobó con este platillo que el queso fundido no tiene que ser grasoso y que, además, se puede mezclar con camarones y pescado. ¡Un imperdible para recrear!

"Es un plato sencillo y placero por el simple hecho de ser para taquear, para ensuciarte las manos de la manera más mexicana posible", dice Adrián.

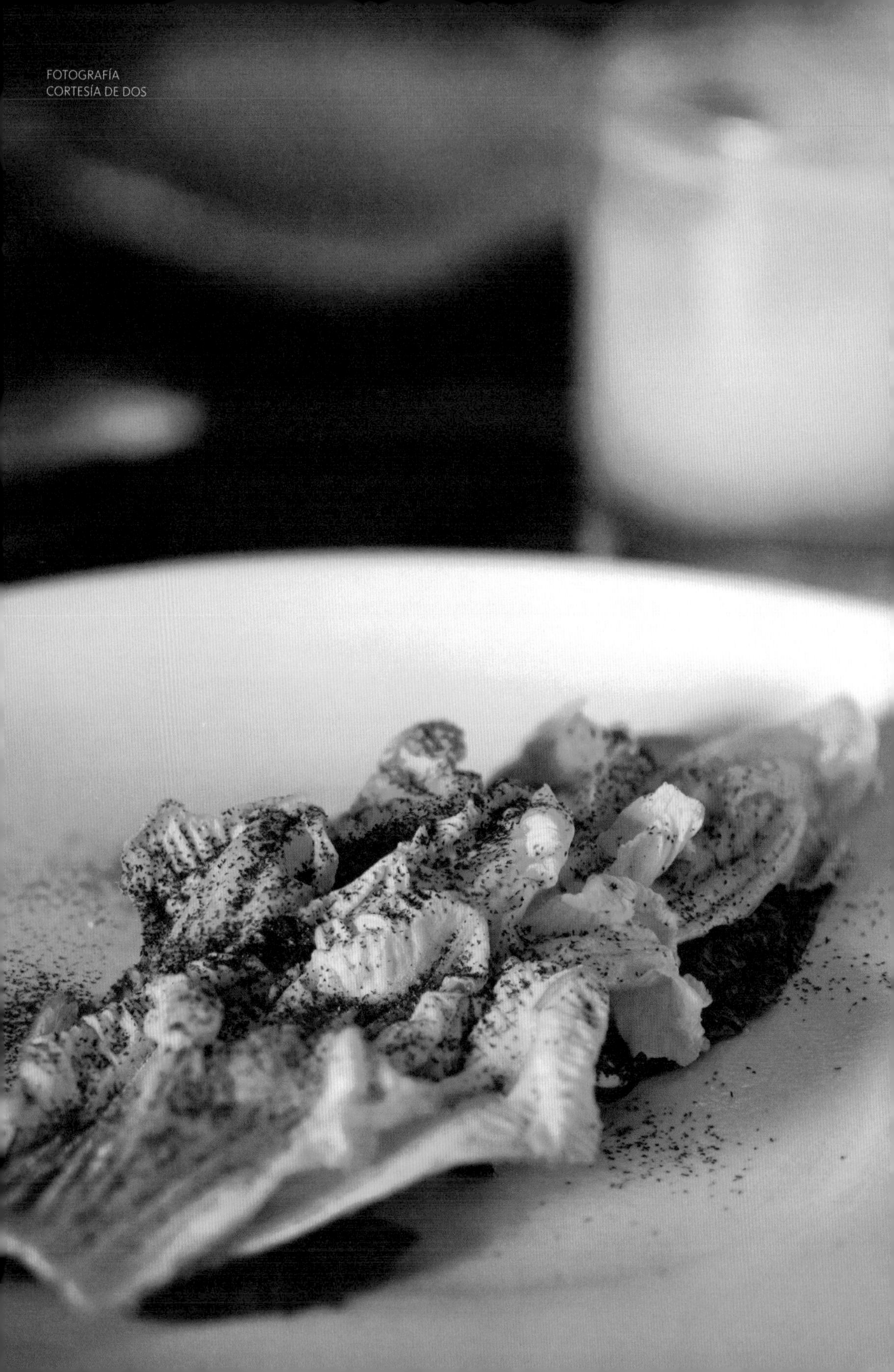
FOTOGRAFÍA
CORTESÍA DE DOS

DOBLADA DE ACUYO Y QUESO DE HEBRA

DOS ✕ ERIK GUERRERO

4 hojas de acuyo (hoja santa) • 250 g de queso Oaxaca • 4 calabacitas de bola
250 g de longaniza fresca • Flores de calabaza • 1 chile serrano
Sal al gusto • Aceite de oliva

1. Limpia las flores de calabaza, cortando con cuidado los pétalos y limpiándolos con una brocha para quitar la tierra y polvo que puedan tener. En una sartén pon la longaniza con piel y déjala dorar hasta que esté poco cocinada. Pica la longaniza y termínala de dorar en la sartén. Reserva. Limpia las hojas de acuyo con cuidado y de preferencia con un cuchillo mondador; debes cortar el nervio principal, pero sin deshacer la hoja. Deshebra el queso Oaxaca. Corta las calabazas en gajos y, con un poco de sal, tatémalas en un comal. Corta el chile serrano en aros delgaditos.

2. En una sartén pon un poco de aceite, la hoja de acuyo, y arriba el queso, las calabacitas y la longaniza. Dobla a modo de quesadilla y espera a que se derrita el queso. En un plato pon la doblada y un poco de sal sobre ella. Pon tres aros de chile serrano y acomoda con cuidado los pétalos de la flor de calabaza. Termina con un poco de aceite de oliva sobre las flores y polvo de chiles.

Entro a la cocina sin cortarme un dedo

Es un plato muy versátil que puedes desayunar, comer o cenar.

Ubicado en el puerto de Veracruz, Erik, quien fuera jefe de cocina de Pujol, ha hecho de DOS una parada gastronómica obligada. Jugando con ingredientes de temporada, esta doblada o quesadilla es alucinante por la mezcla de sabores. Ojo, para nosotras lo que la potencializa es la longaniza, así que no la olviden.

"Este platillo me gusta por la intensidad del acuyo, lo cremoso del queso junto a la acidez y la grasa de la longaniza; es una explosión de sabores", menciona Erik.

SOPA DE CHICHARRÓN

SUD 777 ╳ EDGAR NÚÑEZ

BASE DE SOPA
1 kg de jitomate • 100 g de chile guajillo •
60 g de chile chipotle • 1 litro de caldo de pollo •

SOPA DE CHICHARRÓN
700 ml de base de sopa • 500 g de chicharrón prensado • 250 g de chicharrón seco
150 g de cebolla picada • 90 g de ajo picado • 3 chiles güeros asados

1. Para la base: asa todos los ingredientes y muele en la licuadora junto con el caldo. Pásalo a una olla y calienta hasta que hierva. Reserva.

2. Para la sopa: pon a sudar el chicharrón prensado en una olla hasta que suelte su grasa. Saltea en esa grasa la cebolla, el chile güero y el ajo hasta que se sofrían. Combina todo con la base de sopa y el chicharrón duro. Mete en la licuadora, muele y cuela. Regresa a la olla y sazona. Sirve en platos hondos individuales.

Entro a la cocina sin cortarme un dedo

¿A quién no se le antoja una sopa caliente cuando hace frío?

Nada más reconfortante que un abrazo cálido, y si además le sumas toneladas de amor, sentirás lo mismo que al probar la sopa de chicharrón de SUD 777. El chicharrón y el chile hacen de esta sopa de Edgar Núñez un referente chilango, que muy bien podrá ser recreada en tiempo de frío o en momentos en que necesites mucho amor.

"Es de esos platos que me recuerdan a mi casa", dice Núñez.

MOLOTES DE CHORIZO

YUBAN ✕ FERNANDO MARTÍNEZ ZAVALA

GUACAMOLE

3 aguacates • 50 g de cebolla • 1 chile serrano
Jugo de un limón • 2 cucharadas de aceite de oliva

RELLENO

50 g de cebolla • 5 g de ajo • 100 g de chorizo oaxaqueño
200 g de papa • Aceite de canola al gusto • Sal al gusto

MOLOTES

250 g de masa de maíz • 500 ml de aceite de canola

FOTOGRAFÍA DE
MICHELLE BURGOS

1. Para el guacamole: pon todos los ingredientes en una licuadora o un procesador y licúa hasta lograr la textura deseada.
2. Para el relleno: pica finamente la cebolla y el ajo, corta las papas en cuadritos pequeños, reserva en agua. Desmiga el chorizo. En una sartén fríe suavemente el chorizo con un poco de aceite. Añade la cebolla y el ajo y dora ligeramente. Agrega las papas y baja la flama; cocina hasta que estén suaves y sazona al gusto.
3. Para los molotes: toma una porción de masa y forma una gordita con ambas manos. Coloca dentro una cantidad adecuada de relleno. Para cerrar forma un óvalo, tipo balón de futbol americano. Pincha hasta el centro con un palillo por donde se escapará el aire al freírlos. Reserva en una charola. En una sartén con aceite caliente a fuego medio fríe los molotes y reserva. Sirve y acompaña con el guacamole.

Entro a la cocina sin cortarme un dedo

Para dominguear.

Las palabras con las que el chef describe a estos molotes nos conquistaron de inmediato: "Me gusta este plato por grasoso, crujiente y adictivo". Ok, ¿necesitamos escribir más razones por las cuales figura en este libro? Para empezar, el molote es un platillo elaborado con una mezcla de masa de maíz y puré de papa, y se rellena con lo que quieras. En este caso, el chef Fernando optó por el chorizo, que los hace espectaculares y la perfecta entrada para una gran comida o una botana que dejará satisfechos a tus invitados.

"Son simples, pero también una chulada. A veces los molotes estallan en la fritura a medio servicio, varios de nosotros tenemos la prueba en nuestras filipinas; por eso, es prudente recordar hacerles agujero para que salga el aire caliente", explica Fer.

BOCOLITOS DE QUELITES

CARLOTA ✕ JOAQUÍN CARDOSO

SALSA TATEMADA

125 g de jitomate • 50 g de tomatillo pelado • 1 diente de ajo • 1 chile serrano
1/2 chile chipotle sin semillas ni venas • 40 g de cebolla blanca en cubos
10 g de cilantro deshojado • 200 ml de agua • Sal al gusto

PURÉ DE AGUACATE

1 aguacate • Jugo de un limón • 1 chile serrano
10 g de cilantro, sólo las hojas • 20 g de cebolla blanca • Sal al gusto

MASA DE BOLO VERDE

125 g de masa de maíz nixtamalizado • 50 g de queso Ocosingo
15 g de queso Cotija • 1 hoja santa • 5 g de cilantro, sólo las hojas
1 pizca de sal • 1/2 chile serrano • 1 kg de manteca de cerdo

MONTAJE

2 jitomates cherry • 25 g de quelites cenizos blanqueados
30 g de queso Cotija • Jugo de un limón • Aceite de oliva al gusto

1. Para la salsa tatemada: tatema los jitomates en el horno; pasados 30 minutos agrega la cebolla, el ajo y los tomatillos, y casi al final los chiles. Retira del horno y hierve todo en agua con cilantro; licúa y rectifica la sazón. Reserva.

2. Para el puré de aguacate: licúa el jugo de limón, cilantro, cebolla, chile y sal hasta obtener una pasta homogénea. Agrega los aguacates, licúa un poco más y rectifica sazón. Reserva.

3. Para la masa de bolo verde: licúa en un procesador el queso Ocosingo, el cilantro y la hoja santa hasta obtener una pasta. Salvo la manteca, agrega los demás ingredientes poco a poco. Forma bolitas de 15 g cada una y aplasta hasta obtener un grosor de 3 milímetros. Calienta un comal y, al mismo tiempo, pon la manteca en una sartén profunda a 180°. Pasa las gorditas por ambos lados en el comal y fríe en manteca. Retira y seca en papel absorbente.

4. Para montar: coloca en un plato los cuatro bocoles, ponles un poco de puré de aguacate, la mitad de un jitomate cherry y los quelites cenizos condimentados con limón y aceite de oliva. Termina con un poco de queso Cotija rallado.

Entro a la cocina sin cortarme un dedo

De botana indispensable.

El bocolito es mucho más grueso que una quesadilla o que un molote; en realidad se le conoce como gordita de manteca. En Carlota el chef no olvida su raíz en Pujol, pues los bocolitos fueron insignia del restaurante del chef Olvera. Joaquín lo adapta a este *hotspot* de la colonia Cuahtémoc con quelites, salsa verde y queso cotija. Suena simple, pero es delicioso.

"Me gusta por cómo contrasta con la acidez de los quelites", explica Joaquín.

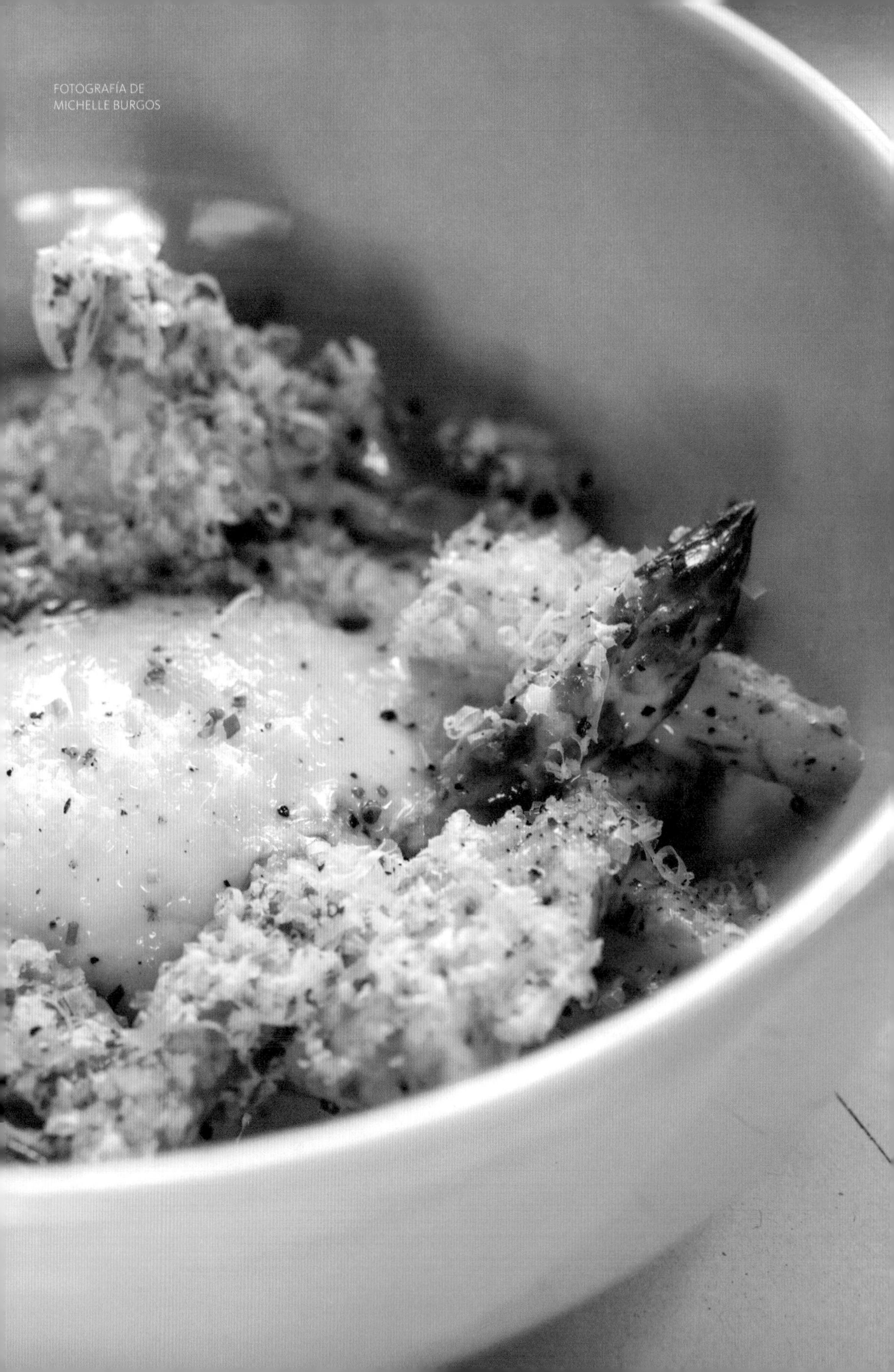
FOTOGRAFÍA DE
MICHELLE BURGOS

ESPÁRRAGOS CON HUEVO

HAVRE 77 ✕ EDUARDO GARCÍA

20 espárragos grandes pelados • 4 huevos (de preferencia orgánicos o de rancho)
2 cucharadas de vinagre de vino blanco • 1 cucharada de mantequilla
Queso parmesano • Sal y pimienta

1. Blanquea los espárragos durante 3 minutos en agua hirviendo con sal. Rompe los huevos cuidadosamente para que la yema no se rompa y conserva cada uno separado en un ramekin individual. Calienta dos litros de agua en una budinera; cuando hierva el agua, agrega el vinagre. Con una cuchara revuelve el agua hasta formar un remolino. Agrega un huevo cuidadosamente sin dejar de mover el agua con la cuchara para mantener el remolino, pero sin tocar el huevo. Mueve durante un minuto y saca el huevo con una cuchara perforada; colócalo sobre una servilleta seca y reserva. Repite la operación con los tres huevos faltantes.

2. Coloca una sartén a fuego medio y agrega la mantequilla; cuando empiece a burbujear, agrega los espárragos y deja un minuto o hasta que los espárragos estén calientes. Salpimenta al gusto.

3. Coloca en un plato 5 espárragos y un huevo pochado encima. Termina con la mantequilla que quedó en el sartén y queso rallado.

Entro a la cocina sin cortarme un dedo

En México hay espárragos todo el año y este es un platillo que puedes preparar para cualquier ocasión.

Al escucharlo seguramente estarán pensando en que es el desayuno perfecto, pero va más allá de esto. La mezcla de huevo con parmesano lo hace una entrada muy elegante, llena de sabor, donde aplica el dicho "menos es más".

"El menú en Máximo Bistrot cambia casi todos los días, pero este es un platillo que ha permanecido desde que abrimos. Es uno de los platillos más buscados y por eso lo incluimos en las sugerencias de Havre 77", explica el chef Lalo.

CAZUELA DE CHICHARRÓN EN SALSA VERDE CON VERDOLAGAS

LONCHES BRAVO

✕

LUIS SERDIO Y BERNARDO BUKANTZ

MIX DE QUESOS

40 g de queso doble crema • 40 g de queso añejo

CEBOLLA MORADA CURTIDA

200 g de cebolla morada • 80 ml de vinagre de manzana • 1 cucharada de aceite de oliva
2 g de pimienta entera • 2 g de orégano seco • 1 g de ajo • 1 g de comino • 1 g de clavo
1 g de laurel • 10 g de sal de Colima • 1 chile serrano

SALSA VERDE

600 g de tomate verde • 5 g de ajo • 80 g de cebolla blanca • 40 g de cilantro
40 g de acuyo (hoja santa) • 30 g de chile serrano • 20 ml de aceite de oliva

COSTILLA CONFITADA

500 g de costilla de cerdo • 1 kg de manteca de cerdo • 30 ml de ron
½ lata de leche evaporada • 1 taza de leche entera • 3 naranjas
3 cucharadas de azúcar refinada • 2 g de tomillo • 2 g de laurel • 10 g de romero fresco
2 g de pimienta entera • 20 g de cebolla blanca • 1 ajo • 20 g de sal de Colima • 1 l de agua

FOTOGRAFÍA DE
MICHELLE BURGOS

CHICHARRÓN EN SALSA VERDE

400 g de chicharrón de cerdo, preferentemente con carne • 720 ml de salsa verde
200 g de costilla de cerdo confitada • 40 g de verdolaga
160 g de crema de rancho • 80 g de mix de quesos • 50 g de cebolla morada curtida

1. Para el mix de quesos: en un recipiente desmorona el queso doble crema y ralla finamente el queso añejo encima; mezcla.

2. Para la cebolla morada curtida: corta la cebolla en juliana y reserva. Licua el resto de los ingredientes con un poco de agua. Coloca la cebolla en una bolsa de cierre, agrega el licuado y con ayuda de un popote saca el aire; cierra la bolsa. Refrigera por una noche.

3. Para la salsa verde: en una olla coloca tomate, ajo, cebolla, chile serrano y la mitad de la hoja santa; cubre con agua y lleva a hervor y cuece por 20 minutos. Después, licua con un poco del caldo de cocción y agrega el cilantro y la hoja santa. En esa misma olla pon el aceite, calienta y sofríe (o sea, fríe ligeramente) la salsa. Rectifica con sal de grano y vinagre de manzana.

4. Para la costilla confitada: en un cazo coloca el azúcar con poca agua hasta crear un caramelo claro; añade el ron y flamea. Agrega leche evaporada y entera y cocina hasta que comience a caramelizar. Incorpora jugo de naranja, tomillo, laurel, romero, sal de Colima, ajo y cebolla. Agrega manteca, funde y lleva a una temperatura de 90 grados; coloca la costilla entera y confita por una hora aproximadamente. Recuerda agregar agua poco a poco para evitar que se queme la grasa. Retira la costilla del fuego y deja enfriar un poco; desmenúzala. La confitura se puede realizar en un rango de 60 a 90 grados, dependiendo de la textura deseada, y puede utilizarse cualquier otro medio graso. Se agrega agua porque el punto de fusión de la manteca es menor que los aceites y se quema rápidamente; esto ayuda a prolongar el tiempo de confitura de la costilla.

5. Para el chicharrón en salsa verde: calienta la salsa en una cacerola hasta que suelte el hervor, deposita el chicharrón troceado y cocina unos minutos hasta que comience a espesar la salsa debido a la absorción de líquido por el chicharrón. Sirve, cubre con queso, flor de verdolaga fresca, crema de rancho y cebolla morada curtida.

Entro a la cocina sin cortarme un dedo

Ideal para empezar el día acompañado con tortillas hechas a mano y frijoles, así calientas la panza. Es mejor si lo compartes con los cuates.

La inquietud de este dúo maravilla salido de Biko los ha llevado a abrir lugares épicos y darle la vuelta a varios platillos mexicanos. A esta cazuela le dan un giro con la costilla confitada, el chicharrón y una maravillosa salsa verde. Un plus de esta receta es que la salsa puede ser utilizada en diferentes platillos; en Lonches Bravo también la utilizan para sus chilaquiles verdes.

CHICKEN TIKKA MASALA

TANDOOR ✕ RÍAZ AHMAD SIDDIQUI

MARINADO

1 kg de pechuga de pollo sin hueso y en cubos • ½ cucharadita de cúrcuma
½ cucharadita de garam masala • 1 cucharadita de pasta de ajo y jengibre
3 cucharaditas de pulpa de tamarindo • 50 ml de aceite • Sal al gusto
3 pizcas de colorante comestible amarillo o naranja

MASALA

1 cucharadita de cúrcuma • 1 cucharadita de paprika • 1 cucharadita de korma masala
1 cebolla mediana en julianas • 1 ½ cucharaditas de pasta de ajo y jengibre
1 ½ tazas de agua • ½ taza de yogurt • 100 ml de aceite
¾ de taza de crema fresca • ½ cucharadita de comino tostado molido
Sal al gusto • Un puño de cilantro picado toscamente

FOTOGRAFÍA DE
MICHELLE BURGOS

1. Para el marinado: mezcla todas las especias con la proteína y deja reposar de 4 a 6 horas en el refrigerador. Tapa con papel aluminio y hornea hasta que la carne quede completamente cocida. Destapa y deja que se dore sólo un poco.

2. Para el masala: mezcla en un tazón el yogurt con korma masala, paprika y cúrcuma; reserva. En una olla con aceite caliente agrega la pasta de ajo y jengibre; cuando esté ligeramente dorada, agrega el yogurt con especias. Sigue por dos minutos revisando la sazón; agrega la cebolla y sal y cocina de 4 a 8 minutos más. Cuando empiece a soltar aceite, agrega el agua. Espera a que hierva y añade la crema. Cocina hasta que todo se mezcle bien y añade la proteína y el comino tostado; deja unos 30 segundos más. Sirve y decora con el cilantro picado. Nota: para darle un toque picante puedes añadir chile de árbol martajado a la mezcla de yogurt.

Entro a la cocina sin cortarme un dedo

Debido a sus aromas, sabores y sofisticación, es una receta que destaca por su capacidad para satisfacer gustos variados. Ideal para comidas familiares.

El chicken tikka masala es uno de los platillos más populares de los restaurantes de comida india de todo el mundo. Lo tradicional es prepararlo con pollo, como lo recomienda el chef, pero se puede utilizar cualquier otra proteína o incluso vegetales. Este plato luce complicado por la cantidad de especias que lleva, pero el chef Ríaz Ahmad Siddiqui nos platica que todas se pueden conseguir en su restaurante Tandoor, así que a correr por ellas para preparar esta exquisitez legendaria.

"El chicken tikka masala es un platillo del recetario indio que realmente surgió en el Reino Unido. Cuando los exploradores regresaron de la India con el curry, éste era un poco fuerte por las especias para el paladar inglés; de ahí la decisión de incorporar lácteos para reducir el picor de la combinación", explica el chef Ríaz.

FOTOGRAFÍA DE
ALEJANDRA CARBAJAL

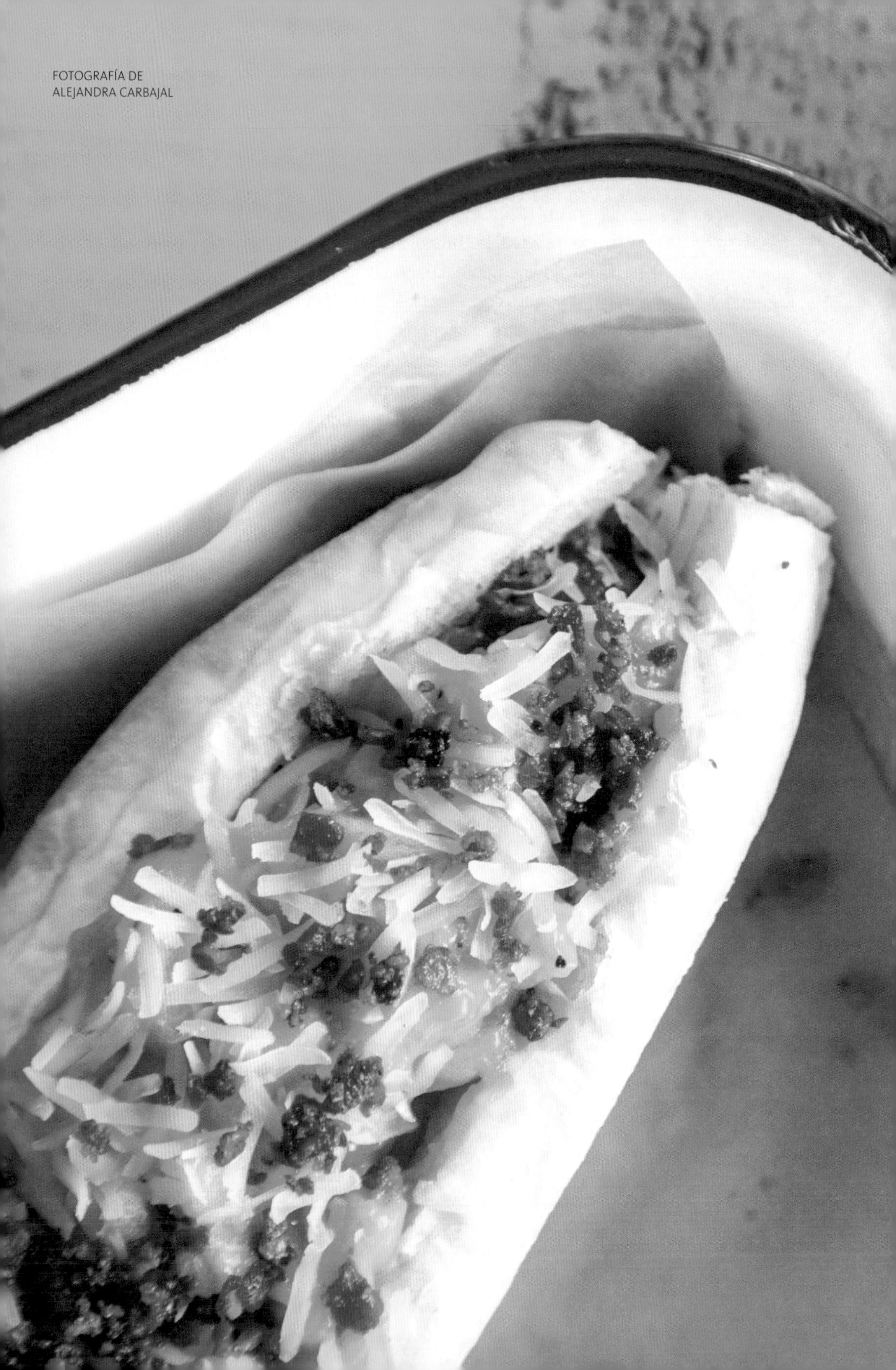

HOT DOG MAC AND CHEESE

HOT DOG RAMÍREZ ✕ SR. RAMÍREZ

MAC AND CHEESE

200 g de macarrones • 500 ml de queso cheddar derretido
100 g de queso parmesano • 100 ml de leche • Pimienta al gusto

HOT DOG MAC AND CHEESE

250 g de tocino • 5 salchichas • 5 medias noches

1. Para el mac and cheese: cuece unos 11 minutos los macarrones en agua salada hirviendo; escúrrelos y reserva. Coloca en una sartén el queso cheddar y calienta a fuego bajo. Agrega la leche e integra con el queso, seguida de la pasta; mezcla hasta que todo esté bien incorporado. Agrega pimienta al gusto y corrige la sazón; retira del fuego y reserva.

2. Para el hot dog mac and cheese: hierve las salchichas hasta lograr la cocción deseada. Pica el tocino en cubos muy pequeños y, fríelos en su propia grasa hasta que queden crocantes y reserva. Calienta el pan, monta la salchicha y agrega el mac and cheese. Espolvorea tocino y parmesano al gusto.

Entro a la cocina sin cortarme un dedo

Para una comida informal con familia o amigos.

¿Alguien dijo decadente? Cuando pensamos en comida estadounidense, solo imaginamos hot dogs y mac and cheese. El chef de Hot Dog Ramírez, el Sr. Ramírez, tuvo la gran idea de combinarlos. Si tienes antojo de un hot dog con mucho queso, ésta es la opción perfecta. Imposible que no le guste a alguien.

"La combinación de queso cheddar, salchicha y pan es muy buena; por eso, nos basamos en este clásico estadounidense", dice el Sr. Ramírez.

PODRÍA ENTRAR A UN REALITY DE COCINA AMATEUR

—

TACO DE PORK BELLY CON SALSA HOISIN

CASSOLA ✕ JONATHAN FÉLIX

PORK BELLY CON SALSA HOISIN

5 kg de pancetta • 1 l de salsa hoisin • 250 ml de aceite de ajonjolí
50 g de sal gruesa • 500 g de cebolla blanca • 50 g de ajo
500 g de zanahoria • 500 g de apio • 2 l de jugo de naranja • Pimienta al gusto

TACO

120 g de pork belly • 40 ml de salsa hoisin • 15 g de zanahoria • 15 g de jícama
15 g de manzana • 2 g de cilantro • 5 g de rábano • 30 g de aguacate
5 ml de jugo de limón • 5 g de brotes de cilantro • 90 g de tortillas • 2 g de sal

1. Para el pork belly con salsa hoisin: agrega sal y pimienta a la pancetta. Cocina un poco por ambos lados en una sartén profunda; agrega la salsa hoisin, tapa y dejar cocinar un poco más. Retira la pancetta. Corta ajo, cebolla blanca, zanahoria y apio y sofríe en una cacerola con aceite hasta que la cebolla esté transparente y todos los demás ingredientes cocinados. Pon la salsa hoisin, los vegetales, el jugo de naranja y la pancetta con su jugo en un recipiente de acero inoxidable. Tapa con aluminio y programa el horno a 120° por 6 horas, o hasta que el pork belly tome la consistencia deseada. Saca la carne, retira del caldo, enfría y haz porciones de 120 g.

2. Para el taco: calienta el pork belly, agrega salsa hoisin y deja que se consuma. Corta zanahoria, jícama y manzana en cubos muy pequeños, y el cilantro finamente; mezcla todo con el jugo de limón y reserva. Calienta las tortillas y encima sirve el pork belly, ensalada, aguacate en cubos, rábano en láminas y brotes.

Podría entrar a un reality de cocina amateur

Para cuando se te antoje algo grasoso y delicioso.

Pocos dicen que no a un taco de pancetta, y aquí hacen los mejores. La clave está en la acidez de sus ingredientes y en la calidad del cerdo. Tip: trata de que la pancetta quede crujiente y verás cómo lleva el taco a otro nivel.

¿SABÍAS QUE?

La recomendación es usar producto local tal cual lo hacen en Cassola.

FOTOGRAFÍA DE
ROBERTO BELTRÁN

TOSTADITAS DE COCO EN DISTINTAS MADURACIONES

GOURMET MX ✕ GABRIELA RUIZ

TOSTADITAS
30 discos de tortilla de maíz de 6.5 cm de diámetro • Aceite vegetal

FRIJOLES REFRITOS
80 g de frijoles • 600 ml de agua • 8 g de ajo • 15 g de cebolla blanca
8 g de epazote • 25 ml de aceite vegetal • Sal al gusto

COCO EN ESCABECHE
160 g de pulpa de coco cortada en cuadros de 1 centímetro • 2 g de orégano negro
50 ml de aceite de oliva • 60 g de cebolla cortada en tiras delgadas
10 g de ajo entero • 2 g de hojas de laurel • 4 g de pimienta gorda
25 ml de vinagre blanco • Sal al gusto

SALPICÓN DE COCO
125 g de coco tierno rallado • 55 g de cebolla blanca picada finamente
3.5 g de cilantro picado finamente
25 g de chile jalapeño cortado en cuadros pequeños
1.5 g de chile habanero cortado en cuadros pequeños
5 ml de aceite de oliva • 3.5 ml de jugo de limón • Sal al gusto

MINILLA DE COCO
80 g de coco fresco, sazonado y rallado • 1 g de pimienta negra molida
1 g de comino molido • 1 g de clavo molido • 35 g de aceite de oliva
22 g de cebolla blanca picada finamente • 2 g de ajo picado finamente
110 g de jitomate guaje cortado en cubos pequeños
12 g de pimiento verde picado finamente • Sal al gusto

CREMOSO DE AGUACATE

330 g de aguacate Hass • 50 g de cebolla • 4 g de cilantro
10 g de chile serrano sin semillas • 15 g de jugo de limón • Sal al gusto

MONTAJE

Hojas tiernas, quelites y brotes mixtos al gusto
Discos pequeños y delgados de zanahoria • Jitomates cherry cortados a la mitad

1. Para las tostaditas: fríe los discos de tortilla de maíz en el aceite hasta que estén crujientes. Reserva.

2. Para el coco en escabeche: tuesta el orégano en una sartén; añade aceite de oliva y cuando se caliente, saltea la cebolla hasta acitronar; agrega ajo, hojas de laurel y pimientas. Incorpora el vinagre, el coco y sal al gusto. Retira la sartén del fuego y deja reposar la preparación un par de horas. Saca los ajos, las hojas de laurel y las pimientas gordas.

3. Para el salpicón de coco: mezcla el coco con cebolla, cilantro, chiles jalapeño y habanero. Agrega aceite de oliva, jugo de limón y sal al gusto. Reserva.

4. Para la minilla de coco: fríe las especias en aceite de oliva durante 30 segundos. Añade la cebolla y el ajo y sofríe a fuego bajo por dos minutos más. Incorpora el jitomate y el pimiento, deja que la salsa se cocine a fuego bajo hasta que espese. Agrega a la salsa de coco, rectifica la sazón y reserva la minilla.

5. Para los frijoles refritos: cuece los frijoles con cebolla y epazote hasta que estén suaves. Licúa y pasa por un colador fino. Calienta aceite en una sartén y añade los frijoles molidos; deja que se reduzcan hasta obtener una pasta maleable; añade sal y retira del fuego. Reserva una cuarta parte para el montaje de las tostaditas y el resto guárdalo para el recalentado.

6. Para el cremoso de aguacate: extrae la pulpa de los aguacates y licúa con el resto de los ingredientes hasta obtener un puré. Pásalo por un colador fino y reserva.

7. Para montar: coloca en los platos un poco del cremoso de aguacate. Unta 10 tostadas con el resto de la preparación, pero deja los bordes libres. Distribuye el coco en escabeche, coloca los discos de zanahoria y decóralos con brotes. Divide en otras 10 tostadas el salpicón de coco y decora con las hojas y quelites. Unta en las 10 tostadas sobrantes los frijoles refritos y la minilla de coco; decora con jitomate cherry y brotes. Coloca las tostadas en un plato y sirve.

Podría entrar a un reality de cocina amateur

Cuando hace demasiado calor.

Gaby Ruiz es una experta del disfraz. Al ver estas tostaditas pareciera que estás frente a una de cueritos de cerdo; no por nada las conocen como tostadas de pata de mentiras. La complejidad de esta receta es mayor, pero teníamos que incluirla. La chef ha hecho de su restaurante un punto clave para visitar en Villahermosa, y sus tostaditas son uno de los platillos más celebrados. Gaby sabe jugar con el coco para aprovecharlo al máximo.

"'Hacía tanto calor que el coco parecía cueritos de cerdo' fue la frase que me dejó sin dormir esa noche. Obviamente contacté a productores de coco y empecé a experimentar para lograr que se pareciera a la proteína animal", rememora Gaby.

CROQUETA DE JAMÓN IBÉRICO

SAGARDI X JOAN BAGUR E IÑAKI LÓPEZ

JAMÓN IBÉRICO

200 g de jamón ibérico cortado en daditos • 1 copa de brandy
200 ml de caldo de jamón o de carne

SALSA BECHAMEL

1 l de leche • 120 g de mantequilla • 100 g de harina de trigo
Una pizca de nuez moscada • Sal (si es necesario)

EMPANIZADO

Harina de trigo, cantidad suficiente • Huevo batido, cantidad suficiente
Pan molido, cantidad suficiente • Aceite, cantidad suficiente

MONTAJE

Pan tostado • Palillo

FOTOGRAFÍA D
ALEJANDRA CARBAJA

1. Para el jamón: en una sartén saltea el jamón durante unos minutos para que pierda parte de la grasa. Flamea con el brandy y reserva.

2. Para la salsa bechamel: calienta la leche. Reserva. Funde la mantequilla en una cacerola; una vez que esté caliente añade la harina y trabaja durante unos minutos sin dejar de mover hasta que la harina quede cocida, pero sin que se queme. Llegado este punto, añade el jamón y agrega el caldo de jamón o de carne; mueve hasta que esté uniforme y añade la leche caliente poco a poco. Cuece sin dejar de mover alrededor de unos ocho o diez minutos. Rectifica el punto de sal y agrega una pizca de nuez moscada rallada. En una charola engrasada vierte la bechamel, extiéndela y tápala con plástico autoadherible (egapack) tocando la salsa para que no se haga costra. Lleva al refrigerador por 12 horas.

3. Para empanizar: prepara un tazón con harina, otro con huevo batido y un tercero con pan molido. Toma la masa de las croquetas bien fría y con las manos enharinadas —para que no se pegue— haz unas bolas y alárgalas hasta que tengas la forma de una croqueta. Pasa la croqueta por harina, después por huevo batido y finalmente por pan molido. Reserva en el refrigerador hasta que vayas a servir. Cuando llegue el momento, calienta el aceite en una freidora o sartén y coloca las croquetas hasta que doren. Sirve calientes sobre una rodaja de pan tostado y coloca un palillo en medio para que no se caigan.

Podría entrar a un reality de cocina amateur

Para una cena formal o para empezar una comida con amigos.

Después de comer éstas no querrás otras. No hay mejores croquetas de jamón ibérico que las de Sagardi, de los chefs Iñaki López de Viñaspre y Joan Bagur. No es una receta fácil, ya que corremos el riesgo de que exploten al momento de freírlas, así que sigan los pasos al pie de la letra para obtener unas maravillosas croquetas. Se pueden servir solas o, como lo sugieren los chefs, sobre una rodaja de pan tostado y con un palillo en medio para que no se caigan.

¿SABÍAS QUE?

Después de estas croquetas, no pueden dejar de probar el txuletón vasco de este lugar, preparado con carne de larga maduración.

AHOGADOS POCHÉ

OJO DE AGUA

SALSA ROJA TATEMADA

2 jitomates • 1 diente de ajo • 2 chiles de árbol secos
50 g de cebolla • 20 g de cilantro • Sal al gusto

SALSA VERDE TATEMADA

2 tomatillos grandes • 1 diente de ajo
1 chile de árbol fresco • Sal al gusto

FRIJOLES DE LA OLLA

1 kg de frijoles • Agua, cantidad suficiente • 250 g de cebolla morada
1 ajo • 20 g de epazote • 2 chiles de árbol fresco

HUEVOS POCHÉ

2 huevos • Agua, cantidad suficiente
1 cucharada de vinagre o jugo de limón • Hielo, cantidad suficiente

MONTAJE

2 huevos poché • 1/2 taza de salsa roja tatemada • 1/2 taza de salsa verde tatemada
1 taza de caldo de frijoles • 50 g de queso panela rallado

FOTOGRAFÍA CORTESÍA
DE OJO DE AGUA

1. Para la salsa roja tatemada: lava y desinfecta todos los ingredientes. En una sartén coloca los jitomates, los chiles, la cebolla y el ajo hasta que estén completamente tatemados. Reserva. Coloca el cilantro en la sartén y tatémalo. Mezcla todos los ingredientes y licúalos. Sazona con sal. Reserva.

2. Para la salsa verde tatemada: lava y desinfecta todos los ingredientes. En una sartén coloca los tomatillos, los chiles y el ajo hasta que estén completamente tatemados. Lleva los ingredientes a la licuadora y sazona al gusto. Reserva.

3. Para los frijoles de la olla: limpia los frijoles pasándolos a través de tus manos para eliminar cualquier impureza. Enjuágalos bien y colócalos en una olla con cebolla y ajo. Añade agua hasta cubrir por completo los frijoles. Cubre la olla y lleva a fuego medio-alto hasta alcanzar el hervor; reduce la flama para que hierva suavemente. El tiempo de cocción puede ir de 90 minutos a 3 horas. De ser necesario, agrega agua caliente durante el proceso de cocción para mantener el nivel del agua 5 cm por encima de los frijoles; revuelve ocasionalmente. Cuece hasta que los frijoles estén suaves. Licúa una pequeña cantidad de frijoles cocidos y regrésalos a la olla para obtener un caldo más espeso. Reserva.

4. Para los huevos poché: en una olla profunda hierve agua y agrega la cucharada de vinagre o jugo de limón. Con esto lograrás que la clara se mantenga blanca y la yema quede encapsulada en el centro. Una vez que el agua esté hirviendo, crea un remolino en el agua con una cuchara; sin dejar de agitar, agrega los huevos de manera individual durante dos o tres minutos. Sácalos con mucho cuidado para evitar que se rompan y ponlos en un bol con agua y hielo para frenar la cocción.

5. Para montar: en un tazón profundo añade una taza de frijoles de olla calientes, la salsa roja tatemada en la mitad del plato y la salsa verde en la otra mitad del plato; coloca los huevos pochados y espolvorea con queso panela rallado.

Podría entrar a un reality de cocina amateur

Para un desayuno llenador.

Todos conocemos los huevos ahogados y estamos acostumbrados a la receta de la abuelita, pero la versión de Ojo de Agua Condesa va con huevos pochados, salsa roja y verde tatemada y frijoles de olla. Con tantos elementos, seguro calma el apetito hasta del más hambriento. La parte más complicada de la receta es hacer los huevos pochados, así que una variante más fácil puede llevar huevos estrellados en su lugar.

¿SABÍAS QUE?

Si tienen prisa, en la sucursal de la Condesa hay un nuevo Ojo de Agua, pero exprés. ¡No hay excusas para no ir!

AGUACHILE DE CALLO

LUR ✕ MIKEL ALONSO Y GERARD BELLVER

AGUACHILE

10 g de chile serrano • 40 g de jugo de limón • 12 g de cilantro • 25 g aceite de oliva
3 g de sal • 125 ml de agua • 110 g de pepino • 85 g de tomate verde
35 g de pimiento verde • 12 g de espinaca

MANZANA

100 g de manzana verde • 50 ml de jugo de manzana verde

CEBOLLA ENCURTIDA

125 g de cebolla morada fileteada • 25 g de vinagre de manzana
2 g de orégano seco • 25 ml de agua • Sal al gusto

FINAL Y PRESENTACIÓN

120 g de cebolla encurtida • 20 tostadas • 400 ml de aguachile
20 g de germinado de cebolla • 140 g de bastones de manzana
80 g de pepino cortado en bastones iguales a la manzana
80 g de jícama cortada en bastones iguales a la manzana
360 g de callo media luna fresco
40 ml de vinagreta (1 parte de vinagre por 10 de aceite)

FOTOGRAFÍA D
ALEJANDRA CARBAJA

1. Para el aguachile: tritura todos los ingredientes, pon el punto de sal y corregir la acidez al gusto. Cuela por medio de una manta de cielo para lograr un agua verde. Enfría.

2. Para la manzana: corta la manzana en bastones de medio centímetro de grosor aproximadamente, con todo y piel; guarda con el jugo en una bolsa a la que se le extrajo todo el aire y deja macerar por lo menos 15 minutos.

3. Para la cebolla encurtida: mezcla los ingredientes y guarda en una bolsa a la que se le extrajo todo el aire y déjala reposar una noche.

4. Para montar: en un plato con ligera profundidad acomoda el callo rebanado lo más fino que se pueda. Baña el callo con el aguachile y decora con las verduras. Termina con un poco de vinagreta rociada encima.

Podría entrar a un reality de cocina amateur

Al ser un platillo refrescante y picante, es perfecto para un día de calor en la terraza, con una buena cerveza fría o un sauvignon blanc. Es un platillo para compartir, por lo que el chef aconseja comerlo siempre con amigos pues así sabe mucho mejor.

Lur es un lugar en donde puedes encontrar la mejor comida española con sabor a hogar. Su aguachile de callo nos llamó mucho la atención pues nos parece un encuentro de dos mundos en un plato. Tras Biko, los chefs Mikel Alonso y Gerard Bellver replantearon su oficio en este lugar en donde le inyectaron lo que mejor saben hacer: gastronomía española con sabor casero.

"Soy un enamorado de la acidez y de los sabores herbáceos y de mar, y en este platillo encuentro todos estos aromas y retrogustos", comenta Mikel.

TORTILLA DE JÍCAMA CON CAMARONES CRUJIENTES EMPANIZADOS CON CHAMOY, PICO DE GALLO Y MANGO

BELLO PUERTO ✕ OMAR VALDERRAMA

CAMARONES EMPANIZADOS
2 camarones grandes sin cabeza • 1 huevo
50 g de panko (pan molido japonés; se consigue en tiendas de productos asiáticos)
Aceite vegetal • Sal

TORTILLAS DE JÍCAMA
1 jícama

MAYONESA DE CHIPOTLE
100 g de mayonesa • 40 g de chile chipotle

PICO DE GALLO
½ cucharadita de soya • ½ cucharadita de jugo de limón
¼ de cebolla picada • 1 jitomate picado

MONTAJE
1 cucharada de chamoy líquido • 1 cucharadita de cilantro picado
30 g de mango en cubos

FOTOGRAFÍA DE
ROBERTO BELTRÁN

1. Para el camarón: limpia los camarones quitando la cáscara, ahógalos en el huevo batido con sal y empanízalos con panko. Fríelos en aceite vegetal y seca el exceso de grasa con una toalla absorbente.
2. Para 4 tortillas de jícama: pela la jícama y corta a lo ancho rebanadas de 3 milímetros de grosor para que se puedan doblar y no se rompan.
3. Para la mayonesa de chipotle: mezcla en un bol la mayonesa y el chipotle hasta que sea una mezcla homogénea.
4. Para el pico de gallo: mezcla la cebolla picada, el jitomate, el jugo de limón y la soya.
5. Para montar: extiende una tortilla de jícama en un plato, agrega una ligera capa de mayonesa de chipotle y los camarones recién fritos (que también pueden servirse fríos). Encima coloca el pico de gallo preparado y el mango, salsea con el chamoy líquido y termina con el cilantro.

Podría entrar a un reality de cocina amateur

Cualquiera, pero es ideal para los días de calor y siempre es mejor con amigos.

Nada más fresco que la jícama y el mango, y si la primera es usada como tortilla para hacerte un taco de camarones agregando chamoy y pico de gallo, este platillo te transportará inmediatamente a la playa con todo y chanclitas, sentimiento que Bellopuerto te contagia al llegar a este lugar. Este peculiar taco es, además de saludable, una opción que conquistará inmediatamente a tus invitados, primero por la vista y después por lo delicioso de la combinación de sus elementos.

"Pensamos en algo fresco, pero con mucha textura e ingredientes nacionales que nos recordaran a lo que comíamos de pequeños, como empanizados y la jícama con chamoy", relata Omar.

CAUSA RELLENA

ASIA PERÚ ✕ ROSAS DAMIÁN IBARRA

MASA
1 kg de papa (de preferencia papa moche) • 4 limones
2 ajís amarillos (chiles peruanos) • Aceite vegetal

RELLENO
1 aguacate • 2 huevos duros • 300 g de camarón limpio y cocido
100 g de mayonesa • Sal al gusto • Pimienta al gusto

SALSA CRIOLLA
¼ cebolla en juliana • Sal al gusto • Pimienta al gusto
1 limón • Chile al gusto

MONTAJE
1 huevo duro • 3 aceitunas negras • 1 lechuga
Salsa criolla • Perejil

FOTOGRAFÍA DE
ROBERTO BELTRÁN

1. Para la masa: en una olla con bastante agua y un toque de sal hierve las papas. Cuida que estén cocidas, pero no demasiado y definitivamente que no se deshagan. Pela las papas todavía calientes y prénsalas hasta conseguir una masa uniforme sin grumos. Deja enfriar. Cuando estén frías las papas agrega el jugo de los limones y el ají amarillo licuado sin venas. Agrega sal y pimienta poco a poco hasta lograr un sabor que te agrade. Si la masa está muy ácida, añade aceite vegetal para corregir. Amasa con las manos hasta que la amalgama sea homogénea.

2. Para el relleno: pela los camarones, limpia las venas negras y hierve; una vez cocidos, corta en trozos pequeños. Mezcla el camarón picado con mayonesa, pimienta al gusto y un toque de limón.

3. Para la salsa criolla: mezcla las cebollas, la sal, la pimienta, el jugo de limón y agrega chiles rebanados en julianas al gusto. Reserva.

4. Para montar: utiliza un molde cilíndrico de aluminio, un vaso o tus propias manos para colocar una capa de masa, luego una capa de aguacate, un poco del huevo duro rallado y otra capa de masa. Sácalo del molde o el vaso en un plato. Decora con las aceitunas negras, el perejil y un poco de mayonesa. Por último pon un poco de la lechuga y la salsa criolla.

Podría entrar a un reality de cocina amateur

Para sorprender a tus visitas con un excepcional platillo peruano.

La gastronomía peruana es una de nuestras favoritas y la causa rellena es uno de sus platillos fundamentales. Un dato curioso es que en Perú se cultivan más de tres mil variedades de papa y los peruanos suelen ser muy estrictos con el tipo de papa que se debe utilizar para cada plato.

"Existen muchas maneras diferentes de prepararla y cada peruano seguro tiene sus secretos y consejos. Para los que estamos fuera de Perú nos es difícil conseguir una buena papa que pueda suplir nuestra papa amarilla, y ni qué decir del ají amarillo, a veces es casi imposible. Hay quienes la preparan con papa amarilla, otros con blanca y, los menos como yo, con lo que tengamos a la mano.

TOSTADA DE CHAPULINES

FONDA FINA ✕ JUAN CABRERA

ACEITE DE CHILE

1 l de aceite vegetal • 500 g de chile secos (árbol, guajillo y morita) • 50 g de sal

CHAPULINES SALTEADOS

1 kg de chapulines • 500 g de cebolla blanca • 200 g de ajo
250 ml de jugo de limón • 15 g de sal • 40 ml de aceite vegetal

FRIJOLES REFRITOS CON ASIENTO

2 kg de frijol negro • 1.5 kg de cebolla blanca • 500 g de ajo
500 g de epazote seco • 500 g de hierba de conejo seca • 6 l de agua
500 g de manteca • 100 g de sal • 500 g de asiento de cerdo • 500 ml de aceite

TOSTADA DE CHAPULINES

3 tostadas de maíz • 45 g de frijoles refritos en asiento
210 g de chapulines salteados • 25 g de queso Oaxaca • 1 aguacate
1 cucharada de jitomate en cubos chicos con semilla
1 cucharada de cilantro criollo (hojas, tallos y brotes)
1 cucharada de cebolla morada en juliana fina
1 cucharada de chile güero en juliana fina
1 cucharada de bulbo de cebolla cambray en aros finos • 10 ml de aceite de chile

1. Para el aceite de chile: limpia los chiles quitando semillas y venas. Colócalos con aceite en una olla a fuego medio por 45 minutos, hasta que se confiten. Agrega sal. Licua finamente; cuela y reserva.

2. Para los chapulines: corta en cubos pequeños la cebolla y el ajo. Saltea los chapulines en una sartén con aceite; agrega cebolla y ajo y sigue salteando; agrega jugo de limón y retira del fuego. Extiende los chapulines en una superficie limpia y deja enfriar. Reserva.

3. Para los frijoles refritos: limpia los frijoles. Ponlos en una olla con agua hasta cubrirlos e hidrátalos por una hora. Corta las cebollas en mitades y presiona los dientes de ajo hasta que truenen ligeramente. Retira el agua y añade 6 litros más, 500 gramos de cebolla, ajo, epazote y la hierba de conejo. Cuece por hora y media aproximadamente, hasta que los frijoles se suavicen. Cuela y quédate con los frijoles por un lado y por el otro el caldo de la anterior preparación. Pica el kilo de cebolla restante en cubos pequeños. Muele los frijoles hasta obtener una pasta. En una olla grande pon la manteca y asiento de cerdo, y sofríe la cebolla picada hasta dejarla translúcida. Agrega frijoles molidos y cocina por 25 minutos. Sazona y reserva.

4. Para la tostada de chapulines: hornea las tostadas en una charola a 170° por 10 minutos. Coloca 15 grs. de frijoles y 8 grs. de queso deshebrado en cada tostada. Regresa al horno un poco para derretir el queso. Corta el aguacate en cubos y mézclalo con los chapulines. Coloca 70 grs. de esa mezcla en cada tostada. Decora la tostada con juliana de cebolla morada, juliana de chile sin semilla, cubos de jitomate, cilantro y rodajas de cebolla cambray. Agrega un poco de aceite de chile y gotas de limón. Sirve.

Podría entrar a un reality de cocina amateur

Es una botana perfecta: a lo mejor la querrás compartir, pero es mejor hacer una por persona.

Los chapulines son un gran platillo de nuestra gastronomía y en Oaxaca son muy populares. Se pueden comer sólo con limón o realizar algo más elaborado para crear una excelente entrada. Por otro lado, los frijoles forman parte de esos sabores de la cocina mexicana que nos recuerdan nuestra infancia.

PAPAS MONTANA

PORCO ROSSO

✕

PEDRO OCHOA Y ROBERT CRAIG

PAPAS A LA FRANCESA
1 kg de papa tierra • 2 g de sal • 4 l de aceite de canola

ADEREZO RANCH
175 ml de crema ácida, de preferencia de rancho u orgánica
ya que tiene una textura más pesada • 175 ml de mayonesa
1 cucharadita de pimentón en polvo
1 cucharada sopera de perejil fresco cortado toscamente
1 cucharada sopera de eneldo fresco cortado toscamente
1 diente de ajo picado finamente • 1 cucharadita de cebolla en polvo
1 cucharadita de mostaza Dijon

FOTOGRAFÍA DE
MICHELLE BURGOS

MONTAJE

300 g de proteína animal en trozos pequeños, pero no picada.
Puedes usar lo que gustes. Nosotros sugerimos que sea brisket de Porco Rosso,
tocino ahumado, maciza de carnitas o sobrantes de cualquier asado.
100 g de queso Gouda • 100 g de queso Monterrey Jack
100 g de queso Cheddar añejado
Opcional: 50 g de chiles jalapeños y zanahoria encurtidos, bien picados

1. Para las papas a la francesa: pela, corta en bastones y sala las papas. Escurre en un colador para lograr drenar tanta agua como sea posible. Calienta el aceite a 175°C exactamente; a menos temperatura no se freirán las papas y a más el aceite se quemará. Toma algunos bastones de papas, sécalos con papel absorbente y fríe en tandas para que se cuezan de manera uniforme. Resérvalos en un recipiente de vidrio con más papel absorbente. La opción fácil es comprar una bolsa de papas a la francesa y freírlas de acuerdo a las instrucciones, aunque es preferible que no estén tan fritas para que sea fácil servirlas.

2. Para el aderezo ranch: mezcla todos los ingredientes en un tazón y reserva. También puedes comprarlo en el súper.

3. Para montar: calienta tu horno a 250°. En un recipiente para horno pon las papas a la francesa y el aderezo en diferentes puntos del recipiente. Coloca la proteína sobre las papas, los quesos rallados y mezclados, y los chiles. Hornea hasta que la mezcla de quesos se gratine bien. Sirve con un cuchillo y una espátula.

Podría entrar a un reality de cocina amateur (aunque si compras ciertas preparaciones ya hechas, baja la dificultad hasta "se me quema el agua").

Ideal para ver tu deporte favorito, pero también como entrada para tus reuniones.

¿Quién no ama darle un *twist* a las a veces aburridas papas francesas? Si pensaban que ya habían visto las papas de todas las formas posibles, estaban en un error. En Porco Rosso, uno de los lugares donde amamos comer a lo cerdo, le agregan lo impensable: tocino, carne, tres tipos de queso y chiles jalapeños. ¡La botana perfecta!

"Este es un platillo de antojo y es una gran mejoría a los nachos porque las papas le dan un magnífico toque. Surgió de un antojo de uno de nuestros cocineros y poco a poco lo hemos ido ajustando. La gente puede hacerlo en su casa como más se le antoje", explica Robert.

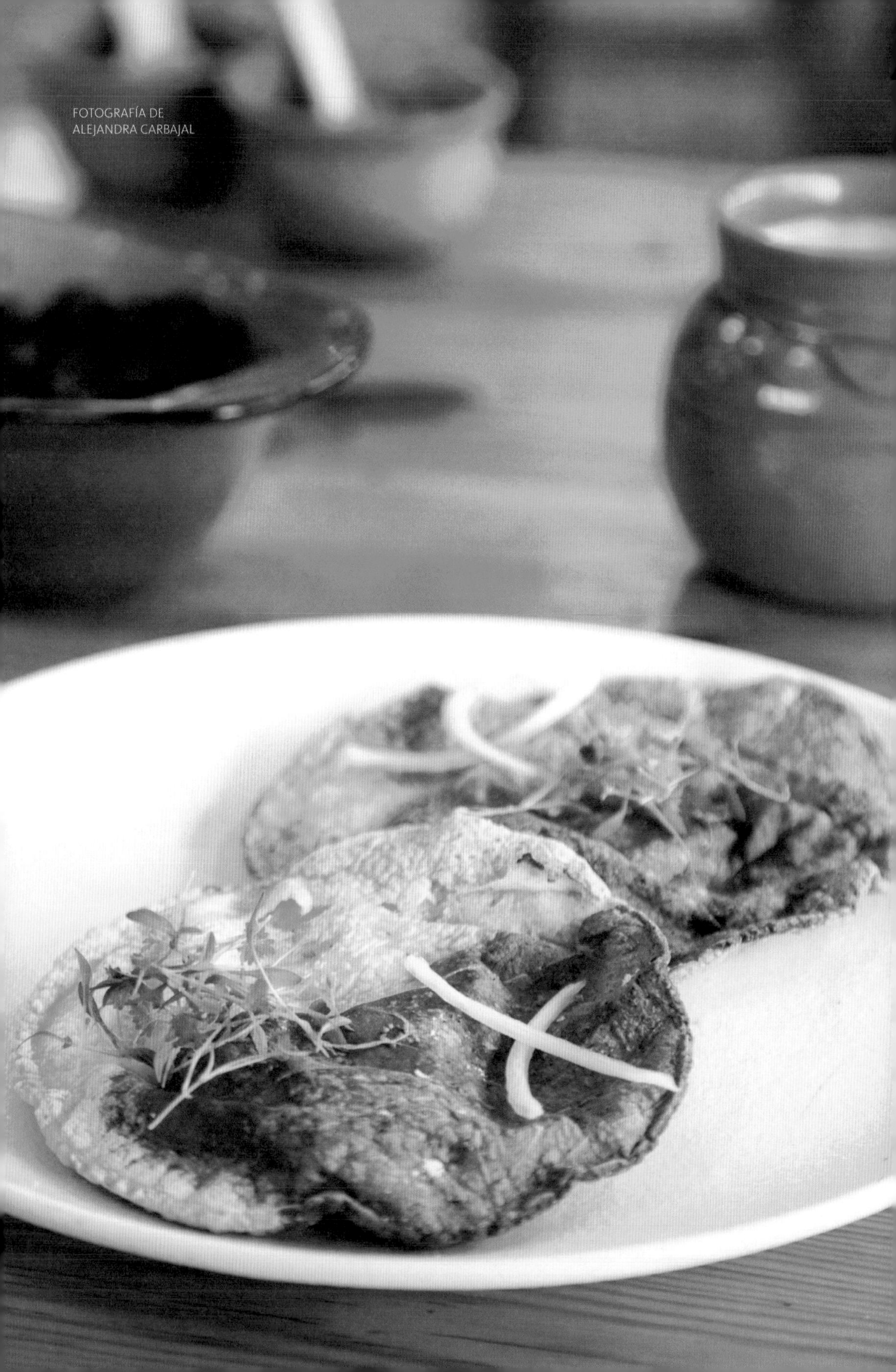
FOTOGRAFÍA DE
ALEJANDRA CARBAJAL

HUEVOS ENCAMISADOS

FONDA MAYORA ✕ ERIC DANIEL GONZÁLEZ

50 g de masa nixtamalizada de maíz blanco
50 g de masa nixtamalizada de maíz azul • 2 huevos
300 g de frijoles de la olla • 10 g de epazote

1. Forma las masas hasta que estén suaves y bien húmedas. Combina ambas, pero sin mezclar para tener un color de cada lado. Toma una bola y forma una tortilla con la maricona. Pon la tortilla en un comal caliente y dale tres vueltas de cada lado para que la tortilla se infle. Una vez que infló, abre con un cuchillo la orilla de la tortilla y pon los huevos dentro; deja que se cocinen. Sirve en un plato con los frijolitos de la olla, epazote y, si quieres, la salsa que más te guste. Si no sabes inflar tortillas, compra unas hechas con masa nixtamalizada que serán más fáciles de inflar.

Podría entrar a un reality de cocina amateur

Para un buen desayuno con frijolitos de la olla.

Fonda Mayora, bajo la tutela del chef Gerardo Vázquez Lugo, de Nicos, tiene este plato que es nuestro favorito para desayunar. Ojo: el grado de dificultad proviene de que el huevo se cure dentro de la tortilla. Necesitas que la tortilla se infle, se abra y se meta el huevo crudo, después se cierra el hueco de la tortilla y se regresa al comal, donde el vapor hace su trabajo. ¿Quién dice que no se puede?

"La receta de huevos encamisados es muy típica de la cocina yucateca", platica Eric.

CALLO DE HACHA, HONGOS Y PONZU

NOSO ✕ SANDRA FLORES Y MIGUEL HIDALGO

SALSA PONZU

4 dientes de ajo • 5 cm de jengibre • 300 ml de agua
100 ml de soya • 2 limones • 35 ml de sake

CREMA DE HONGOS

150 g de champiñones • 150 g de portobellos • 150 g de cebolla
100 ml de nata • 250 ml de caldo de pollo • 250 ml de agua
Aceite de oliva al gusto • Sal de mar al gusto

CALLO DE HACHA, HONGOS Y PONZU

3 callos de hacha • 60 ml de crema de hongos • 10 ml de salsa ponzu
Aceite de oliva al gusto • Sal de mar al gusto

FOTOGRAFÍA DE
MICHELLE BURGOS

1. Para la salsa ponzu: mezcla el sake con el jugo de limón, la soya y el agua. Aplasta los dientes de ajo con la piel y agrega a la mezcla anterior. Corta el jengibre en láminas y agrega a la mezcla anterior. Deja reposar en refrigeración 24 horas antes de que la utilices para que los sabores se impregnen. Pasado ese tiempo cuela y vuelve a reservar en refrigeración. Esta salsa puede durar hasta 3 meses.

2. Para la crema de hongos: corta los hongos y la cebolla en cubos, reserva por separado. Pon una olla al fuego con un chorrito de aceite de oliva y agrega la cebolla. Cocina a fuego medio moviendo hasta que la cebolla esté transparente; agrega los hongos. Cocina a fuego alto hasta que el agua que suelten los hongos se evapore por completo y comiencen a tomar un color dorado; moja con el caldo y el agua y deja cocinar durante 15 minutos a fuego medio. Cuando se haya evaporado la mitad del caldo, retira del fuego y tritura toda la mezcla con la nata hasta que todo esté perfectamente incorporado. Pon la mezcla otra vez en el fuego, deja cocinar 10 minutos más y agrega la sal.

3. Para el callo de hacha, hongos y ponzu: calienta la crema de hongos. Pon al fuego una sartén antiadherente; cuando esté bien caliente añade un chorrito de aceite de oliva y agrega el callo de hacha. Deja cocinar los callos de hacha aproximadamente durante un minuto sin mover para que tomen un color dorado; voltea y repite con el otro lado y agrega una pizca de sal encima. Pon la crema de hongos como base en un plato hondo, coloca encima el callo de hacha y termina con una cucharada de salsa ponzu.

"La combinación de sabores es muy buena, sencilla, pero con mucha potencia y nunca deja indiferente a nadie", explican los chefs.

Podría entrar a un reality de cocina amateur

Como entrada en una comida o cena, para sorprender a tus amigos.

Los chefs Sandra y Miguel son prácticamente nuevos en la Ciudad de México, pero vaya impresión que nos han dejado. Noso es, sin duda, una de las aperturas más impresionantes de los últimos meses. Sus platillos están inspirados en las memorias de los chefs, su infancia y el bagaje de México y España. Este plato huele a otoño, a decir de los chefs, pero es perfecto para cualquier otra época del año. A diferencia de muchos que hemos mencionado, este tiene un grado mayor de dificultad, pero vale la pena sumergirse en la cocina por esta receta, pues nada más rico que un callo de hacha bien cocinado.

SOPA DE JITOMATE CON CROQUETAS DE HUAUZONTLE Y HERBOLARIA DEL VALLE DE TLAXCALA

EVOKA ✕ FRANCISCO MOLINA

SOPA DE JITOMATE

800 g de jitomate Heirloom • 200 ml de aceite de oliva extra virgen
2 chipotles • 5 g de pimienta • 5 g de sal • 200 ml de aceite • 1 kg de carbón de ocote

CROQUETAS DE HUAUZONTLE

200 g de requesón • 130 g de huauzontle • 10 g de harina
5 g de sal • 1 l de agua

TEMPURA

125 ml de cerveza stout • 200 g de harina • 40 g de amaranto
5 g de sal • 1 l de aceite

FOTOGRAFÍA CORTESÍA
DE EVOKA, CARLOS LEÓN

ACEITE DE NARANJA

3 naranjas • 6 hojas de limón • 250 ml de aceite de oliva • 4 granos de cardamomo

MONTAJE

12 hojas de toronjil • 12 pétalos de azahar • 12 hojas de orégano yucateco fresco
12 flores de albahaca • 12 flores de eneldo • 12 flores de cilantro • 1 hoja santa grande

1. Para la sopa de jitomate: rebana los jitomates por la mitad y macéralos con aceite de oliva, sal y pimienta. Pon el carbón de ocote en un asador y enciéndelo. Asa las mitades de jitomate hasta obtener una costra oscura; resérvalos y deja que se enfríen. Licúa los jitomates y pásalos por un chino fino. En una olla mediana pon la mezcla junto a los chipotles y reduce hasta obtener la consistencia deseada.

2. Para las croquetas de huauzontle: en una olla pequeña pon el agua; alcanzado el hervor, agrega el huauzontle y hierve por 15 minutos. Retira el agua y detén la cocción de los huauzontles con agua fría. Retira todas las ramas y mezcla bien las hojas con el requesón y la harina. Haz bolitas con la mezcla de 10 gramos aproximadamente.

3. Para el tempura: en un tazón pon la harina con la sal, agrega lentamente la cerveza y mezcla bien y de manera homogénea. Baña las bolitas de huauzontle y requesón en la masa de tempura y después en el amaranto. Pon una olla con aceite a fuego medio y fríe cada bolita por dos minutos.

4. Para el aceite de naranja: quita la cáscara de la naranja y corta en julianas. En una olla pequeña pon el aceite de oliva, la cáscara de naranja, hojas de limón y cardamomo. Lleva a fuego medio (50°) durante 20 minutos; apaga y deja reposar durante 12 horas. Cuela y aparta.

5. Para el montaje: pon un comal en la estufa a fuego alto, coloca la hoja santa y quémala hasta que esté quebrable; quiebra y reserva. En un plato hondo (si es de barro, mejor) agrega la sopa de jitomate, pon 4 hojas y 4 flores de cada tipo, dos pizcas de hoja santa encima y 8 gotas de aceite de naranja. Termina con 3 bolas de huauzontle en cada plato.

Podría entrar a un reality de cocina amateur

Para una reunión entre cuates si es de "traje". Es la misma complejidad hacerla para cuatro que para doce personas.

El chef Paco Molina ha puesto a Apizaco, Tlaxcala, en el mapa. Su sopa es de los pocos platillos que han sobrevivido al tiempo y la evolución de cinco años de Evoka, lugar que vale las dos horas de camino desde CDMX. Estos dos elementos, la sopa de jitomate y las tortitas de huauzontle, son del gusto popular. ¿Por qué no combinarlos?

CARPACCIO DE MANITAS DE PUERCO EN VINAGRE

AMARANTA ✕ PABLO SALAS

CARPACCIO DE MANITAS DE PUERCO

6 manitas de puerco perfectamente limpias • 5 g de laurel • 15 g de sal • 2 g de pimienta
• 5 g de orégano • 5 g de ajo • 40 g de cebolla • 30 ml de vinagre blanco

VERDURAS ENCURTIDAS

30 ml de vinagre blanco • 30 g de col morada
30 g de chile jalapeño • 30 g de zanahoria • 30 g de chayote

MONTAJE

Queso de prensa al gusto • Aceite de oliva extra virgen al gusto
Tostaditas de maíz suficientes

1. Para el carpaccio de manitas de puerco: limpia y lava las manitas de puerco perfectamente. En una olla con suficiente agua cocina las manitas de puerco con ajo, cebolla, sal y laurel durante 2 horas y media o hasta que la carne se desprenda fácilmente del hueso. Cuela y deshuesa las manitas de puerco, de preferencia cuando todavía estén un poco calientes porque facilita el proceso. Mezcla y sazona con sal, pimienta, orégano y vinagre, asegurándote que todo se incorpore perfectamente. Vierte la mezcla en un rectángulo de papel film (el papel transparente de cocina que se pega y ayuda a mantener los alimentos). Trata de formar rollos tipo salchichones lo más compactos posible para que el colágeno les dé forma cuando se enfríen. Mete al congelador y deja reposar un día. Aún congelados, rebana en láminas muy finas, es decir, en forma de carpaccio.

2. Para las verduras encurtidas: lava y limpia las verduras; quítale la cáscara a la zanahoria y chayotes. Corta en cuadros pequeños y pon en el vinagre; déjalo en el refrigerador por lo menos una hora, aunque idealmente un día.

3. Para montar: antes de servir pasa las láminas de carpaccio por las verduras encurtidas. Monta de tal forma que las láminas cubran todo el plato. Decora con queso de prensa rallado y un poco de aceite de oliva virgen extra. Acompaña con las verduras encurtidas y las tostadas de maíz.

Podría entrar a un reality de cocina amateur

Para acompañarlo con unas tostadas y una cerveza bien fría, probablemente para comenzar la comida y definitivamente para compartir.

Como bien lo dice su creador, el chef Pablo Salas, hay un elemento que no podemos negar de la cocina mexicana: la calle, el barrio de donde vienen una variedad inimaginable de platos, entre ellos, las tostadas o chicharrones con manitas de puerco. Este platillo combina a la perfección las dos y es una buena introducción para alguien que no haya probado o se niegue a comer las manitas de puerco, ya que este plato estrella de Amaranta no tiene la consistencia gelatinosa que muchos odian, llevándolo así a un nivel difícil de hallar en otros lugares.

"Es un clásico garnachero, aunque no lo hayas probado", reconoce Pablo.

MENJURJES

MUHAMMARA

PAPRIKA ✕ JOSEFINA SANTACRUZ

3 pimientos rojos • 1 chile serrano • 1 diente de ajo • 1 cucharadita de sal
125 g de nuez • 20 g de pan molido • 1 cucharada de pekmez (melaza) de granada
1 ½ cucharadas de jugo de limón • 1 cucharada de agua
½ cucharadita de azúcar • ¼ taza de aceite de oliva extra virgen

1. Lava los pimientos y rostízalos sobre la flama de la estufa. Pélalos y remueve las semillas. Pica el ajo y las nueces finamente.

2. Tuesta el pan y —salvo el aceite— pasa todos los ingredientes por el procesador de alimentos. Muele y baja la velocidad; agrega el aceite poco a poco. Sazona.

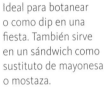

Se me quema el agua

Ideal para botanear o como dip en una fiesta. También sirve en un sándwich como sustituto de mayonesa o mostaza.

Una buena botana incluye un dip; por eso, la chef Josefina Santacruz nos comparte la receta de la muhamara. Amante o no del pimiento morrón, esta receta es ideal: como dice la chef, "es una manera deliciosa de reconciliarse con los pimientos morrones". Se puede usar como sustituto para la mayonesa o en cualquier plato donde necesitemos untar una salsita picante.

"La muhammara es una salsa tradicional de origen sirio a la que le ajusté la sazón. Es una manera deliciosa de reconciliarse con los pimientos morrones. La primera vez me resistía un poco a probarlo porque yo misma no soy fan de los pimientos morrones", comenta la chef.

FOTOGRAFÍA DE
MICHELLE BURGOS

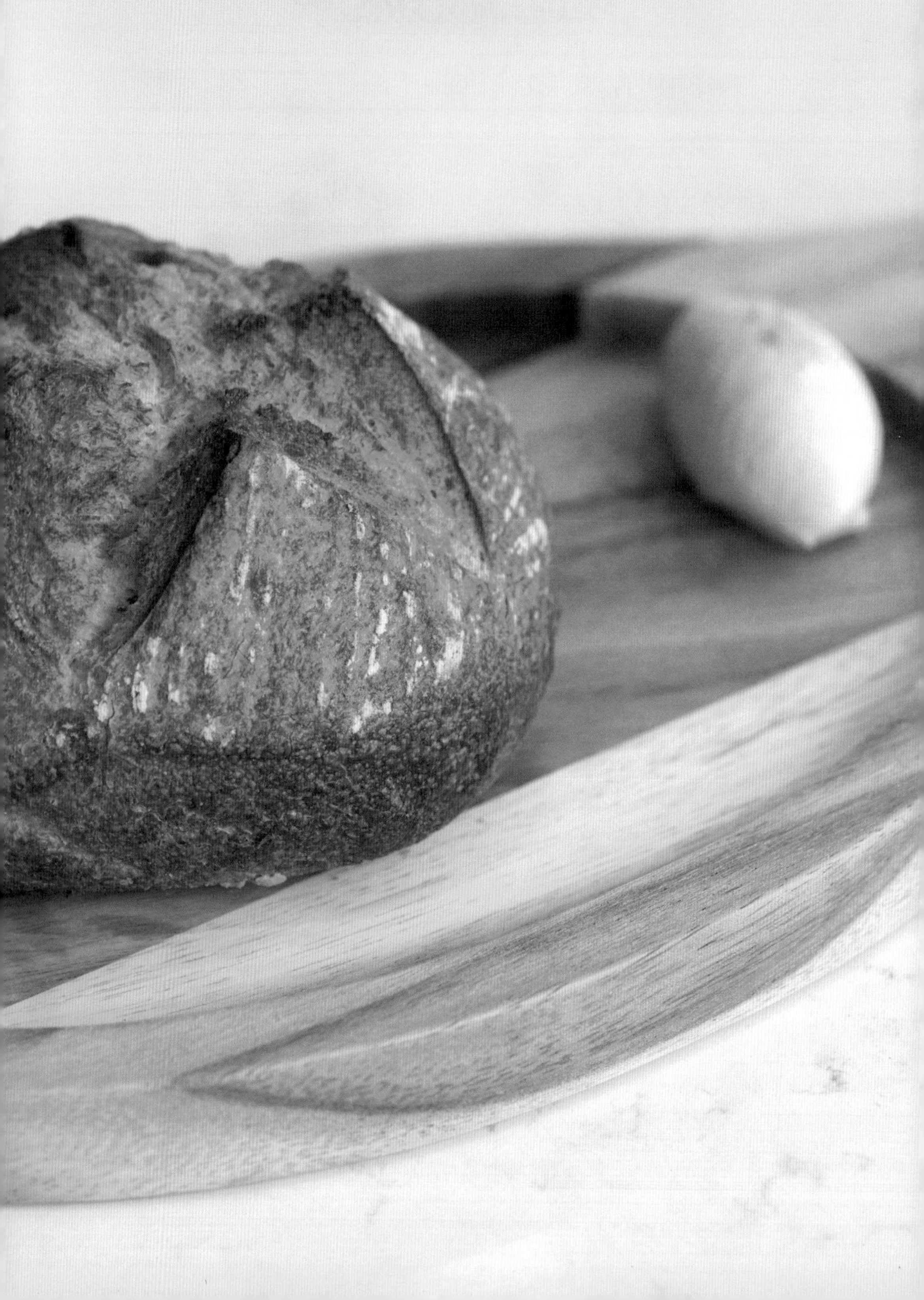

MANTEQUILLA CON ESPECIAS

NOSO X SANDRA FORTES Y MIGUEL HIDALGO

1 barra de mantequilla • 2 ramas de romero • 4 ramas de tomillo
1 rama de orégano • 6 hojas de salvia • 100 g de sal gruesa

1. Deja la mantequilla fuera del refrigerador para temperar.
2. Separa las hojas del romero, el tomillo y el orégano. En una licuadora pon las hierbas con la sal gruesa y tritura a la velocidad más alta durante 10 segundos; obtendrás una sal aromatizada.
3. Puedes presentar la mantequilla en forma de balones de futbol americano; para lograrlo, basta pasar la mantequilla de una cuchara a otra de manera envolvente. También puedes usar un molde de silicón con diferentes formas para luego meter al refrigerador y que se endurezca. Saca del molde y coloca en un plato para pan y espolvorea con un poco de la sal aromatizada.

Se me quema el agua

Para untarle al pan en la comida.

Nuestro amor por Noso comenzó desde la mantequilla que sirven con el increíble pan de Joan Bagur, de la hamburguesería OKDF. El romero, el tomillo y el orégano la sacan de lo ordinario, pues las hierbas la elevan a un nivel gourmet que no imaginarán.

"Es muy fácil darle un giro a algo tan sencillo".

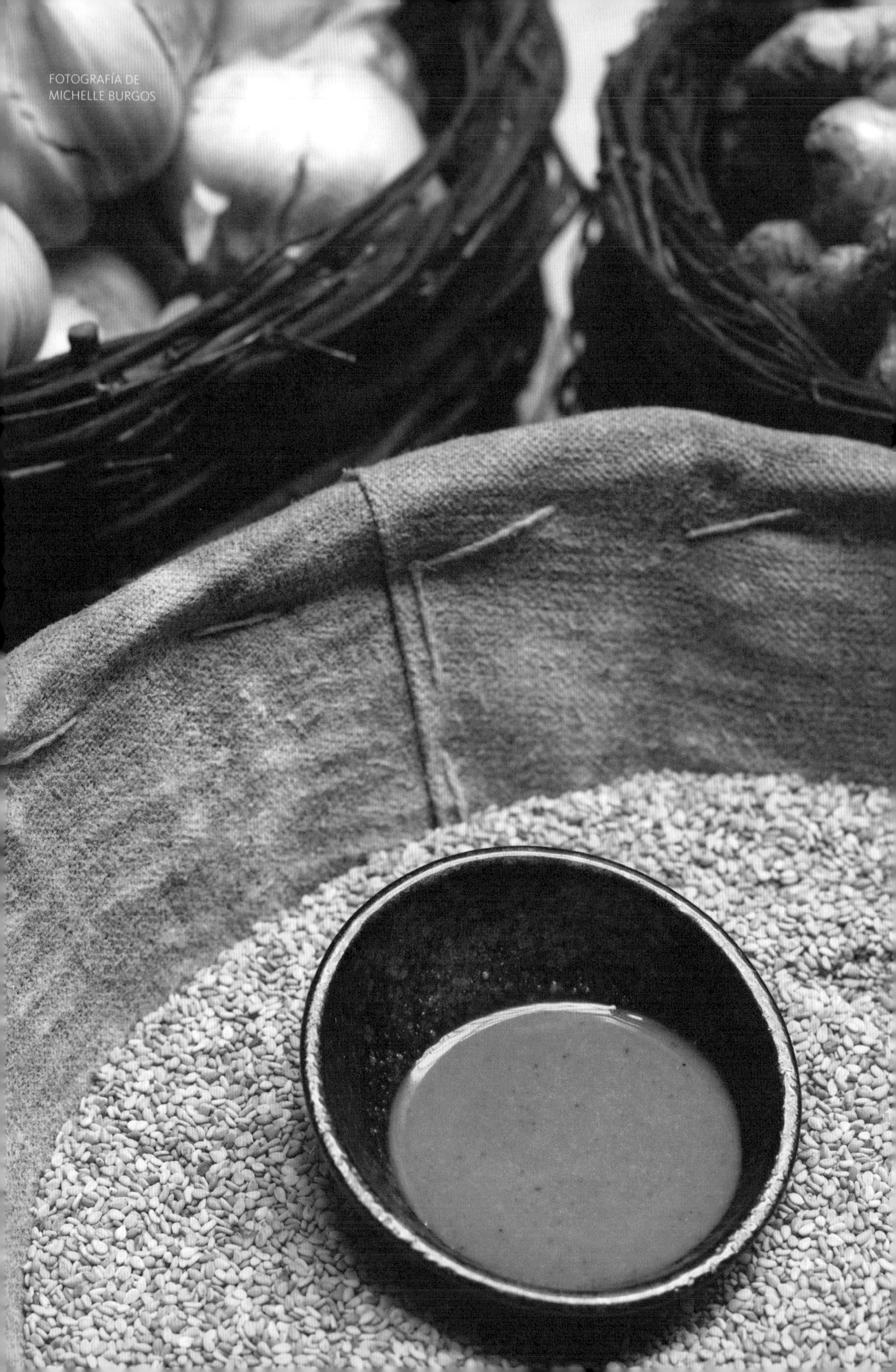
FOTOGRAFÍA DE
MICHELLE BURGOS

SALSA GOMADARE

TEPPAN GRILL ✕ ALEJANDRO ESCUDERO

2.8 l de sake • 1 l de mirin • 3 l de soya natural • 2 l de agua
1.3 kg de azúcar • 100 g de ajo rayado
1.5 kg de ajonjolí sin cutícula • 3 l de tahini

1. Coloca todos los ingredientes dentro de un procesador de alimentos. Comienza a licuar hasta que obtengas una pasta de consistencia un poco grumosa. Sirve.

Se me quema el agua

Para hacer teppanyaki a la plancha, pero sirve también para cualquier asado sencillo.

Teppan Grill, dentro del Hyatt Regency Mexico City, ofrece unos de los mejores platos japoneses de la ciudad. Varios se sirven con la legendaria nerigoma, salsa de semillas de sésamo preparada con dashi, salsa de soya, aceite de sésamo, mirin, sake, vinagre de arroz y hasta miso y ponzu. La gomadare va con el shabu shabu, pero también es deliciosa con verduras calientes, carnes, e incluso pescado.

"Su sabor es excelente, es fácil combinar con diferentes platos".

FOTOGRAFÍA DE
ALEJANDRA CARBAJAL

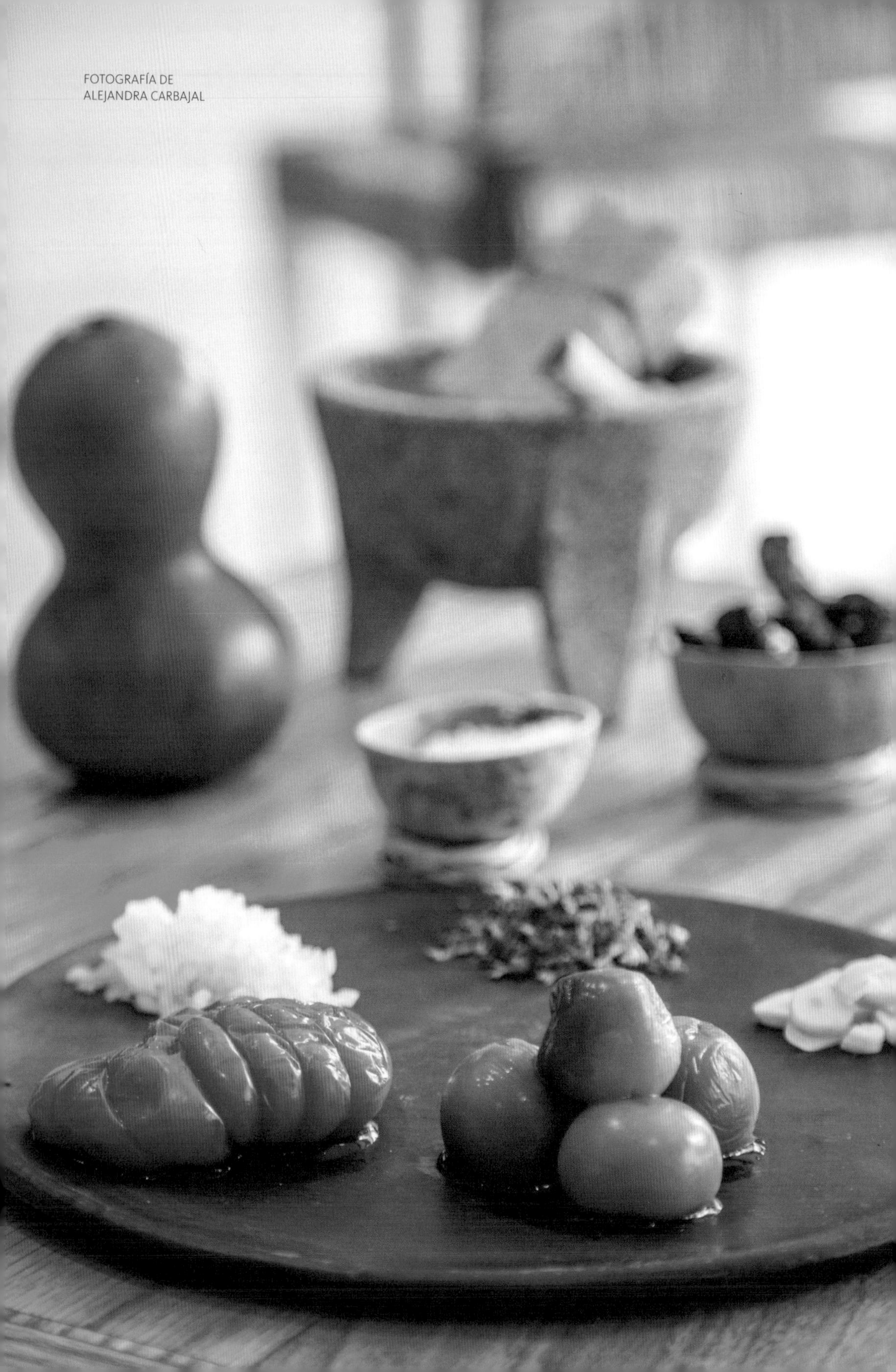

SALSA MOLCAJETEADA

GUZINA OAXACA ✕ ALEJANDRO RUIZ

6 miltomates asados • 2 jitomates riñón asados • 1/4 de cebolla blanca picada
1 ramita de cilantro • 2 dientes de ajo • 4 chiles morita tatemados
100 g de queso fresco • Tortillas de maíz

1. En un molcajete, coloca el ajo y la cebolla para molerlos con el tejolote. Agrega tanto chile como quieras y continúa moliendo.

2. A continuación, incorpora el miltomate y jitomate riñón y sazona con sal al gusto.

3. Acompaña con tortillas de comal y un pedazo de queso fresco.

Se me quema el agua

Para cualquier momento.

¿Qué sería de muchos de los platos mexicanos sin la salsa que los acompaña? En este restaurante ubicado en el corazón de Polanco te la preparan en tu mesa, haciendo de esta visita una experiencia didáctica, pues puedes correr a comer alguno de los platos deliciosos del chef Alejandro Ruiz y después recrear la salsa en tu propia casa. La recomendación de Guzina es usar el molcajete, no una licuadora.

"Su uso no requiere fuerza sino maña. Debe de hacerse la mezcla con suavidad, evitando golpear el tejolote contra el cuenco ya que esto provocaría la extracción de sedimentos de piedra y la contaminación de nuestra salsa".

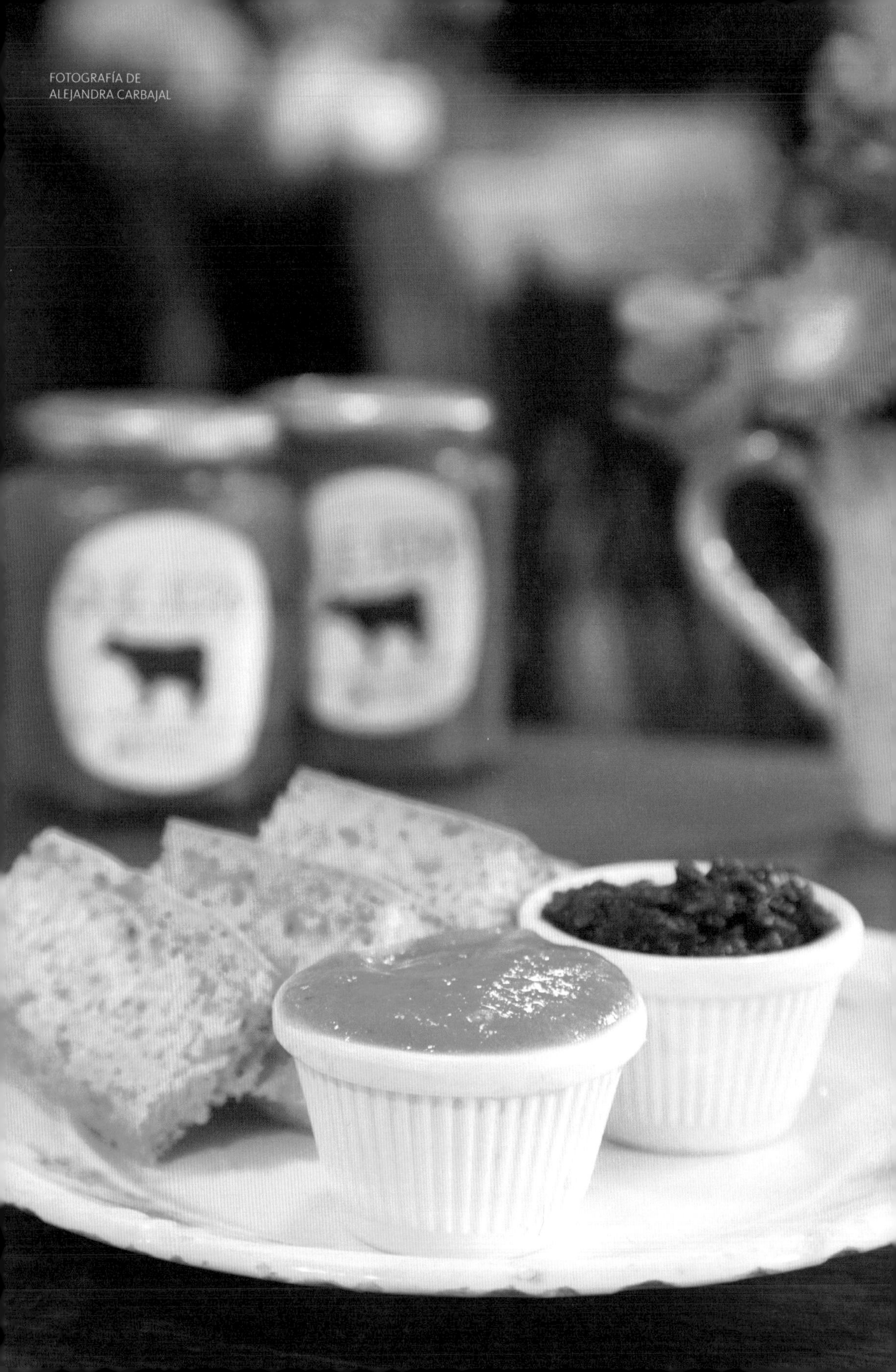

FOTOGRAFÍA DE
ALEJANDRA CARBAJAL

MERMELADA DE GUAYABA Y MARACUYÁ

QUESERÍA DE MÍ ✕ ÁNGELA SOSA

250 g de guayabas partidas en dos
500 g de pulpa de maracuyá • 750 g de azúcar

1. En una olla grande, cocina a fuego medio las guayabas y la pulpa de maracuyá.
2. Agrega el azúcar y cocina por aproximadamente una hora, moviendo de vez en cuando la mezcla.
3. Deja enfriar y cuela para deshacerte de las semillas de la guayaba. Guarda en un frasco en el refrigerador y úsala cuando quieras.

Sí me sale la sopa instantánea

Ideal para la mañana o la noche, para acompañar un pan tostado con mantequilla o para poner en la tabla de quesos de una reunión casual.

Un complemento ideal para una tabla de quesos es una buena mermelada y así la utiliza la chef Ángela Sosa, de Quesería de mí. También puede ir bien con un postre o un pan tostado en el desayuno. Además, las mermeladas rinden mucho tiempo. Si tienes flojera de cocinar, puedes comprarla en Quesería de mí.

"Queríamos una alternativa a comprar chutney y se nos ocurrió esta receta. Luego se nos ocurrió que sería buena para servir en los desayunos porque es 100% natural y tiene una armonía increíble", platica Ángela.

FOTOGRAFÍA DE
MICHELLE BURGOS

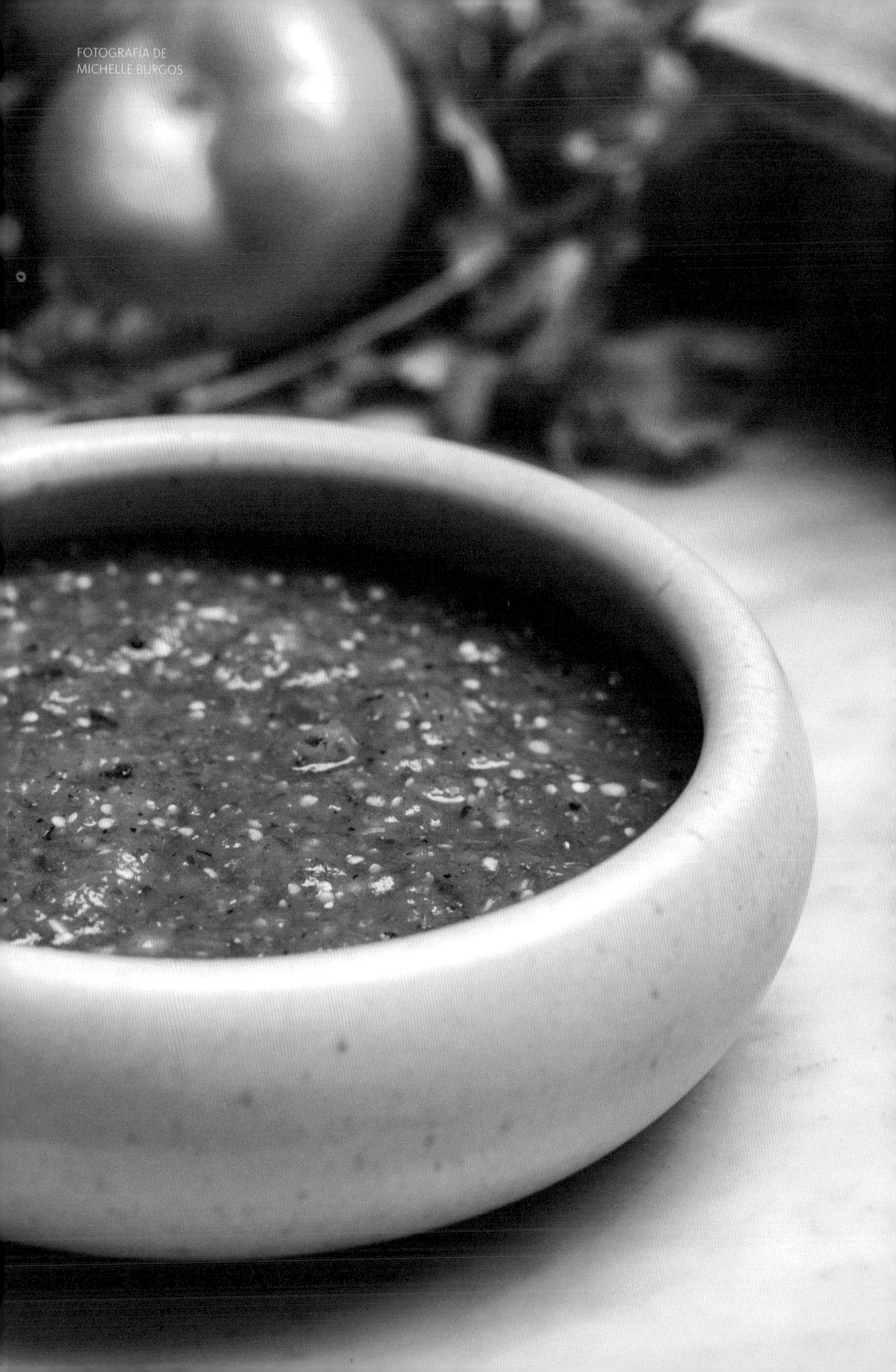

SALSA VERDE

RULFO ✕ ALEJANDRO ESCUDERO

1 kg de tomates verdes • 100 g de cebolla blanca en trozos • 1 diente de ajo grande
20 g de hojas de cilantro • 5 chiles serranos • Sal y pimienta al gusto
Agua, cuanta sea necesaria

1. Pon los tomates junto con el ajo, el chile serrano y la cebolla en un comal o una sartén a temperatura alta. Muévelos ocasionalmente hasta que todos los ingredientes cambien de color, se doren y su consistencia se vuelva suave.

2. Retira de la sartén y licúa todos los ingredientes; agrega agua hasta obtener la consistencia deseada.

3. Añade las hojas de cilantro y licúa ligeramente de nuevo. Por último, sazona y reserva en frío para cuando la necesites.

Sí me sale la sopa instantánea

Para ponerle a cualquier antojito de cocina mexicana

Versatilidad. Eso es la salsa verde. Bien puede ir con tostadas, tacos, flautas o lo que quieras. Rulfo, restaurante del hotel Hyatt Regency Mexico City, maneja una excepcional que ahora podrás recrear en casa.

"Me gusta imaginar cómo era antes la cocina mexicana, que con muy pocos recursos e ingredientes se realizaban grandes recetas", señala Alejandro.

FOTOGRAFÍA DE
MICHELLE BURGOS

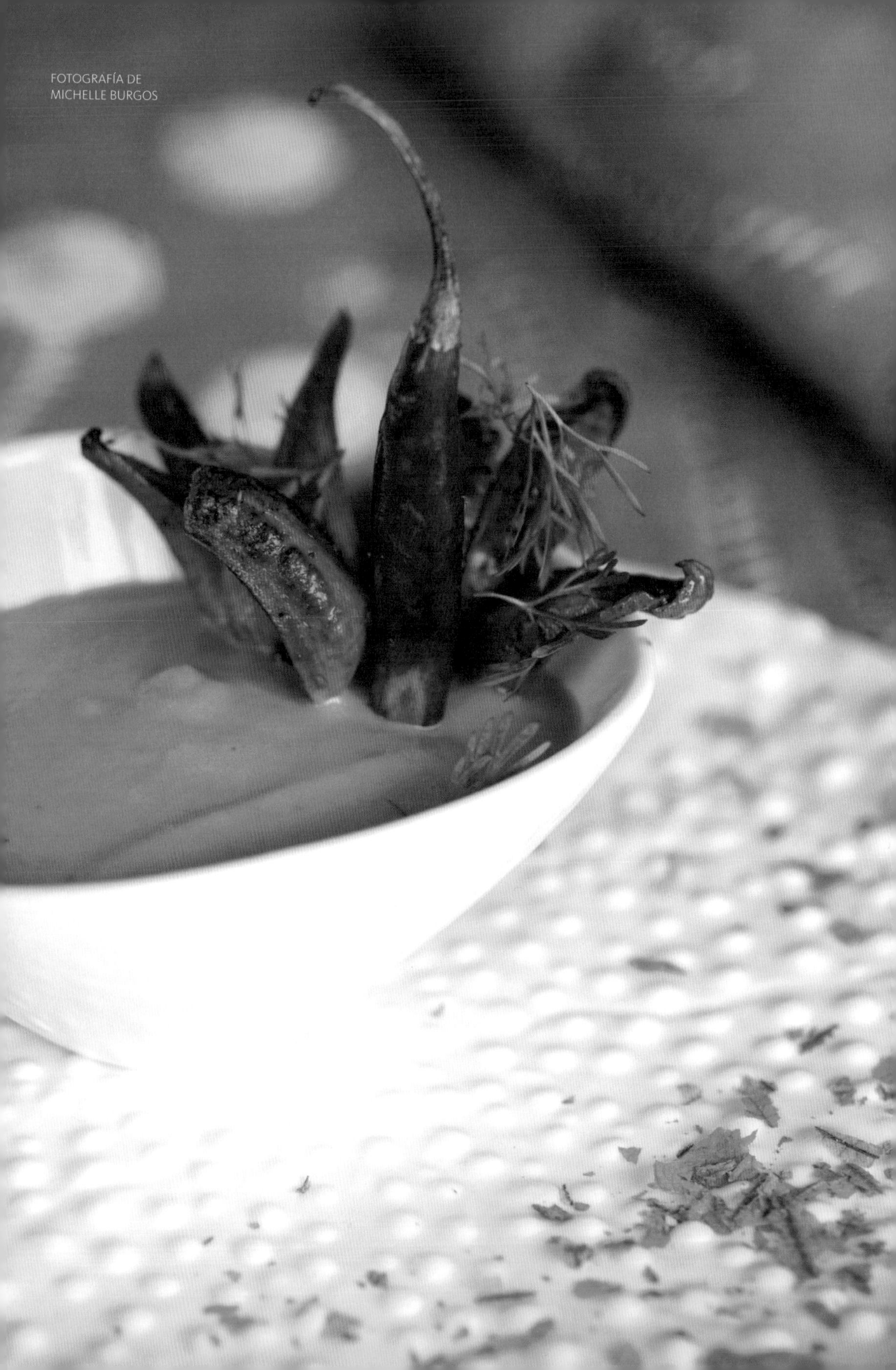

SALSA DE CHILE DE ÁRBOL CON CACAHUATE TOSTADO

DULCE PATRIA ✕ MARTHA ORTIZ

30 g de manteca de cerdo • 8 chiles de árbol • 100 g de cebolla blanca
40 g de ajo picado finamente • 1.250 kg de jitomate guaje cortado en cuartos
250 g de cacahuates naturales ligeramente tostados • Sal al gusto
Chiles de árbol fritos para decorar

1. Calienta la manteca de cerdo en un cazo grande y sofríe el chile de árbol junto con la cebolla y el ajo. Una vez sofritos, agrega los jitomates. Deja al fuego hasta que el jitomate suelte todo su jugo; sazona.

2. Pasa la mezcla por un procesador de alimentos o licuadora a alta velocidad junto con los cacahuates. Sirve en salseras y decora con chile de árbol frito.

Sí me sale la sopa instantánea

Para acompañar tacos, carne asada o papas. Realmente puede ir casi con cualquier alimento.

Esta salsa es la favorita de los veracruzanos, y en Dulce Patria la probamos con los maravillosos tacos de chilorio con papaloquelite. ¡Una joya de Martha Ortiz!

¿SABÍAS QUE?

Si prefieres esta salsa menos picante, disminuye la cantidad de chile de árbol.

FOTOGRAFÍA DE
MICHELLE BURGOS

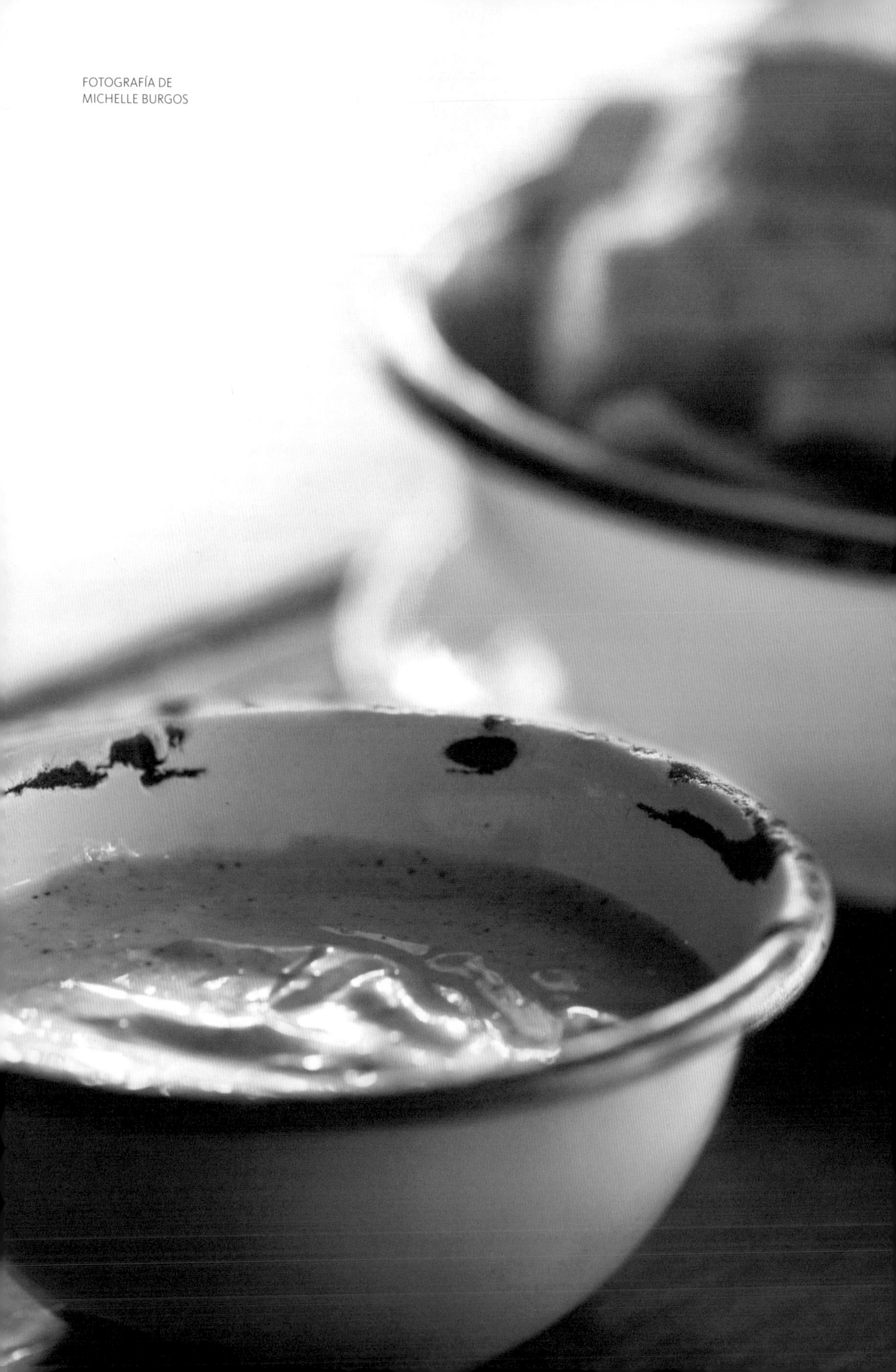

ALIOLI DE CAFÉ

LONCHES BRAVO

✕

LUIS SERDIO Y BERNARDO BUKANTZ

250 ml de aceite vegetal • 1 huevo • 1 cucharada de vinagre de manzana
1 diente de ajo • 1 cucharadita de café molido
1 cucharadita de sal de grano

1. En un vaso para licuar deposita huevo, ajo, vinagre y sal; licúa unos segundos hasta que se mezclen todos los ingredientes.
2. Mientras la licuadora se encuentre en marcha a velocidad baja, agrega el aceite en forma de listón para que se integre a la mezcla. Cuida no molerlo por mucho tiempo.
3. Retira el alioli y mezcla el café con ayuda de una varilla.

Entro a la cocina sin cortarme un dedo

Cada vez que hay que ponerle un poco de grasa a un platillo y potenciar toda la preparación.

Aunque solemos usar mayonesa por practicidad, qué mejor que cambiar por algo más interesante, como este alioli de café. Se puede usar como condimento en platos tan simples como un sándwich, o en alguna preparación de carne, mariscos o pescado, o como lo utilizan en Lonches Bravo: en una torta de rabo de res.

"Amamos ponerle grasa a todo y tenemos raíces de cocina española por nuestro paso en Biko, donde aprendimos que el café potencia los sabores".

HUMMUS GRIBENES

MERKAVÁ ✕ DANIEL OVADÍA

HUMMUS
1 kg de garbanzo • 2 cucharadas de bicarbonato • 1/2 taza de tahina
1 cucharada de sal de Colima • 1 cucharada de comino
2 tazas de agua de garbanzo

GRIBENES
1 kg de piel de pollo • 1 cebolla

GUACAMOLE
3 aguacates • 1 cebolla • 2 chiles serranos • 1 cucharada de cilantro picado
2 limones • Sal al gusto • Pimienta al gusto

MONTAJE
1 jitomate guaje • 2 rabos de cebolla cambray • 1 cucharadita de ajonjolí blanco
1 cucharadita de jugo de limón • Sal al gusto • 1 cucharadita de aceite de oliva
1 cucharadita de polvo de chile

FOTOGRAFÍA DE
ALEJANDRA CARBAJAL

1. Para el hummus: remoja el garbanzo con bicarbonato por 24 horas. Cuece el garbanzo alrededor de 3 a 6 horas. Licúa con sal, comino y tahina. Agrega poco a poco el agua de garbanzo. Muele por 20 minutos. Reserva.

2. Para el gribenes: limpia y corta la piel. Pica finamente media cebolla. Coloca en una olla de cobre la piel de pollo y media cebolla entera; cubre de agua y cocina a fuego bajo. Una vez que se haya evaporado el agua, sube la temperatura, añade la cebolla picada y deja que se dore. Filtra la grasa y sazona con sal fina.

3. Para el guacamole: coloca en un bol el aguacate y aplástalo. Pica finamente la cebolla, el chile y el cilantro. Agrega aguacate. Incorpora sal, pimienta y jugo de limón. Mezcla y reserva.

4. Para montar: pica el jitomate y el rabo de la cebolla cambray; mezcla en un tazón con ajonjolí, limón y sal. Coloca en un plato hondo un poco de hummus y extiende. Al centro coloca un poco de guacamole, seguido de gribenes calientes. Coloca en la parte superior la ensalada de jitomate. Espolvorea con polvo de chiles y agrega aceite de oliva. Sirve.

Entro a la cocina sin cortarme un dedo

Para darte gusto o sorprender a tus invitados.

En Merkavá —restaurante israelí en la Condesa— existen cinco variedades de hummus. Daniel Ovadía propone juntar la mezcla de garbanzo con gribenes, o piel crujiente de pollo. Al ser el hummus rico en proteínas, este platillo muy completo es ideal para quitar el hambre o compartir en la mesa como una entrada. Se puede complementar con pan pita para untar.

¿SABÍAS QUE?

Merkavá nos hace conocer una Jerusalén llena de sabor.

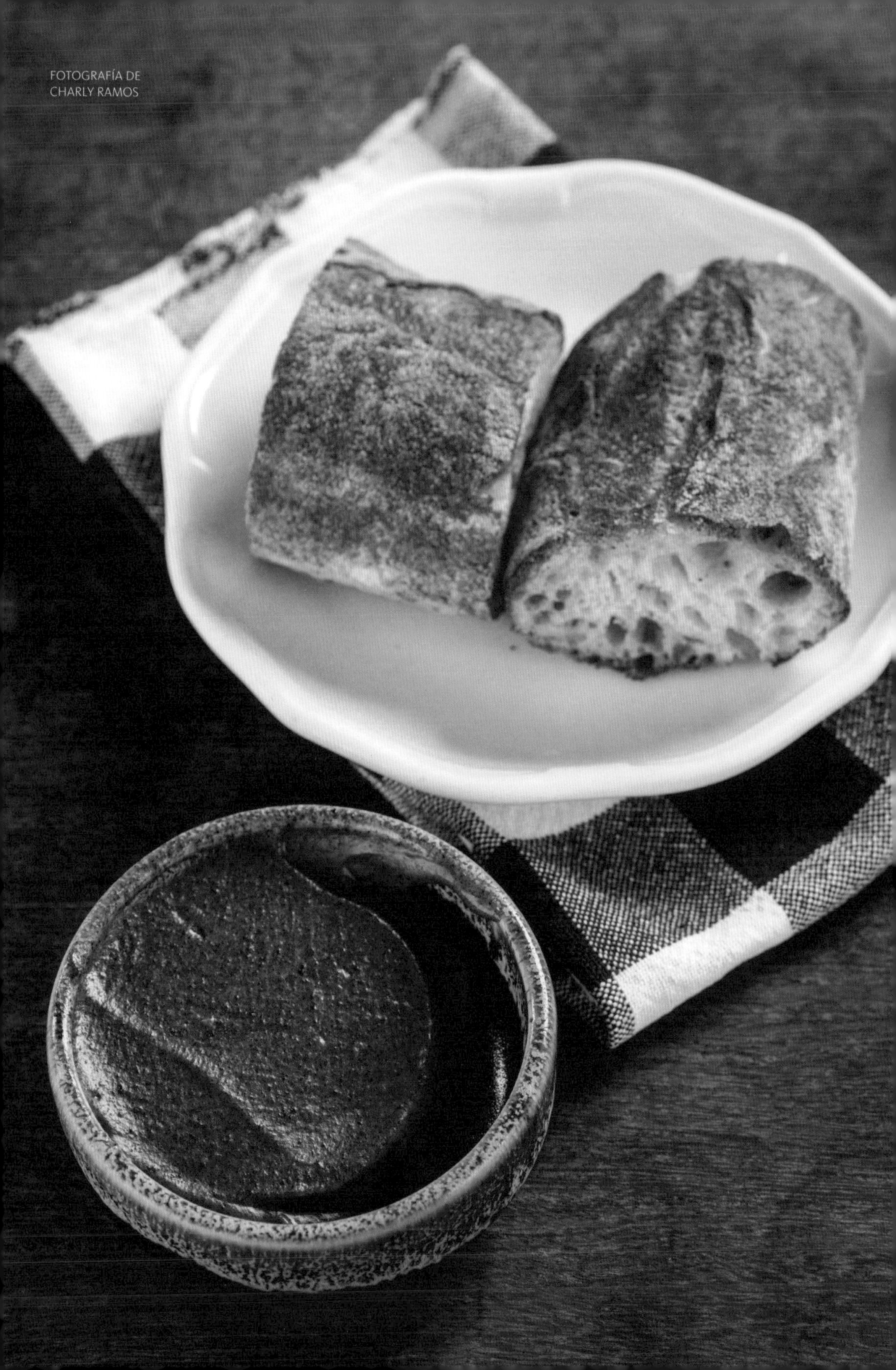

FOTOGRAFÍA DE
CHARLY RAMOS

CENIZA DE BERENJENA

MÁXIMO BISTROT ✕ EDUARDO GARCÍA

4 berenjenas grandes sin tallo • 1 diente de ajo fresco • 1 taza de aceite de oliva
40 g de queso de cabra añejo • Sal • Pimienta

1. Tatema las berenjenas a fuego directo durante 6 minutos de cada lado.
2. Agrega todos los ingredientes en un procesador de alimentos mientras las berenjenas todavía estén calientes.
3. Muele durante 5 minutos o hasta lograr una consistencia cremosa.

Podría entrar a un reality de cocina amateur

Es una excelente opción para untar en vez de usar mantequilla o aceite de oliva, relata el chef Lalo.

Es común iniciar la comida en un restaurante con pan y una rica mantequilla. Queremos lo mismo, pero en casa, con un sustituto para la mantequilla. No olvidamos los complementos que elevan nuestra experiencia a la mesa; por eso, el chef Eduardo García de Máximo Bistrot lo considera "una de las recetas más importantes de su restaurante".

"A pesar de que no es un platillo en sí, se trata de una de las recetas más importantes del restaurante. Incluso data de antes de Máximo Bistrot. Vivíamos en Yelapa, Jalisco, donde trabajaba en un hotel en la selva. La mejor manera de asar una berenjena en esas condiciones era a fuego vivo, en la leña".

SEGUEZA OAXAQUEÑA Y HORMIGA CHICATANA

FONDA FINA ✕ JUAN CABRERA

SEGUEZA OAXAQUEÑA

250 g de maíz en grano seco • 500 g de chile pasilla • 200 g de chile ancho
200 g de chile mulato • 500 g de tomatillo • 250 g de cebolla blanca
8 dientes de ajo limpios • 500 g de tortilla • 150 g de hoja santa
150 g de epazote • 3 l de consomé de res • 300 g de manteca de cerdo
1 g de comino en polvo • 1 g de clavo en polvo

SALSA DE HORMIGA CHICATANA

500 ml de segueza oaxaqueña • 20 g de hormiga chicatana
20 g de manteca con asiento • 2 dientes de ajo limpios
2 g de orégano • 40 ml de jugo de limón • 10 g de sal de Colima

FOTOGRAFÍA DE
ALEJANDRA CARBAJAL

1. Para la segueza oaxaqueña: limpia los chiles de venas y semillas (reserva estas últimas); tatémalos de manera uniforme hasta obtener un color oscuro. Quema las tortillas en su totalidad. Coloca las semillas de los chiles sobre una tortilla y quémalas hasta que dejen de sacar humo (tomará un buen rato). Por otro lado, tatema en el comal los tomatillos, la cebolla y los ajos troceados. Reserva. Realiza lo mismo con el maíz, pero muévelo constantemente para que el tostado sea uniforme. En una budinera coloca la mitad de la manteca y sofríe los chiles tatemados; incorpora el tomate, la cebolla, el ajo, y mezcla. Añade las hierbas y el consomé; cocina a fuego medio por 50 minutos o hasta que todo se haya reducido a la mitad. Licúa finamente y reserva sin colar. Sofríe nuevamente con la otra mitad de la manteca y cocina 30 minutos más. Sazona con un poco de clavo, comino y sal.

2. Para el sofrito con hormiga: pica finamente el ajo y sofríelo en la manteca con asiento hasta que dore ligeramente. Añade el orégano. Pica la hormiga chicatana de forma tosca y añade al sofrito. Agrega 500 ml (2 tazas) de segueza . Cocina por 20 minutos. Sazona con jugo de limón y sal. Combina esta salsa con pulpo cocido, camarones salteados, callo de hacha, callos de almeja cocinados o mejillones. En general, funciona increíble con mariscos.

Podría entrar a un reality de cocina amateur

Para acompañar mariscos.

Esta salsa tiene sabores muy complejos: por un lado, el ahumado de la hormiga chicatana; por otro, la segueza —hecha a partir de diferentes chiles— y su notas picantes y de maíz tostado, así como un intenso aroma de hoja santa. Con tantos sabores en una sola salsa, el chef Juan Cabrera nos recomienda utilizarla para acompañar un plato de mariscos.

¿SABÍAS QUE?

La hormiga chicatana es una hormiga voladora típica de Oaxaca y utilizada en muchos platillos en grandes restaurantes.

ÍNDICE
DE
RESTAURANTES

—

RESTAURANTE	PLATILLO	DIRECCIÓN	PÁGINA WEB
Alipús	Tlayuda	Guadalupe Victoria 15, Tlalpan	alipus.com
Amaranta	Carpaccio de manitas de cerdo	Francisco Murguía 402, Universidad, Toluca	amarantarestaurante.com
Amaya	Callo de hacha en escabeche	General Prim 95, Juárez	amayamexico.com
Asia Perú	Causa rellena	Benjamín Franklin 239, Condesa	asiaperu.com.mx
Astrid y Gastón	Ceviche 5 elementos	Campos Elíseos 295, Polanco	astridygaston.com.mx
Atalaya	Tacos de charales con salsa molcajateada	Bosques de la Reforma 1803, Lomas de Vista Hermosa	restauranteatalaya.com.mx
Barroco	Esquites negros	Vía Atlixcáyotl 2501, Reserva Territorial Atlixcáyotl, Puebla	mib.puebla.gob.mx/es/restaurante#slide1
Bello Puerto	Tortilla de jícama con camarones crujientes	Julio Verne 89, Polanco	bellopuerto.com
Bonito	Flatbread spicy chorizo	Nuevo León 103, Condesa	bonito.com.mx
Butcher and Sons	Hamburguesa Bowie con papas trufadas	Virgilio 8, Polanco	butcherandsons.com
Café Nin	Lentejas con hierbabuena y pepino	Havre 73, Juárez	cafenin.com.mx
Campo Baja	Burrito de pescado	Colima 124, Roma Norte	campobaja.com
Carlota	Bocolitos con salsa verde y queso Cotija	Río Amazonas 73, Renacimiento	hotelcarlota.com.mx
Cascabel	Tlacoyos de requesón en salsa verde	Javier Barros Sierra 540, Santa Fe	restaurantecascabel.com
Cassola	Taco de pork belly	Blvd. Puerta de Hierro 5065, Puerta de Hierro	andaresguadalajara.regency.hyatt.com/es/hotel/dining.html
Catamundi	Pan francés	Alejandro Dumas 97B, Polanco	catamundi.com
Contramar	Ceviche Contramar	Durango 200, Roma Norte	contramar.com.mx
De Mar a Mar	Queso fundido con chorizo de camarón	Niza 13, Juárez	demaramar.mx
Delirio	Grilled cheese de carnitas	Monterrey 116, Roma Norte	delirio.mx/restaurante
DOS	Doblada de acuyo	Navegantes 96, Virginia	dosboca.mx
Dulce Patria	Guacamole nacionalista	Anatole France 100, Polanco	marthaortiz.mx
Dulce Patria	Salsa de chile de árbol con cacahuate	Anatole France 100, Polanco	marthaortiz.mx
El Bajío	Gorditas infladas de anís	Cuitláhuac 2709, Obrero Popular	restauranteelbajio.com.mx
Embarcadero Mar y Tierra	Tacos de camarón estilo Rosarito	Calzada Vallejo 850, Sta. Cruz de las Salinas	facebook.com/EmbarcaderoMaryTierra

RESTAURANTE	PLATILLO	DIRECCIÓN	PÁGINA WEB
Eno	Mollete de 3 quesos	Petrarca 258, Polanco	eno.com.mx
Evoka	Sopa de jitomate asado	2 de Abril 1022, Apizaco, Tlaxcala	evoka.com.mx
Fat Boy Moves	Bibimbap	Tamaulipas 147, Condesa	facebook.com/fatboymoves
Fat Boy Moves Yucatán	Coles de Bruselas	Yucatán 3, Roma	facebook.com/ fatboymovesyucatan/
Fonda Fina	Tostada de chapulines	Medellín 79, Roma Norte	fondafina.com.mx
Fonda Fina	Segueza oaxaqueña y hormiga chicatana	Medellín 79, Roma Norte	fondafina.com.mx
Fonda Mayora	Huevos encamisados	Campeche 322, Condesa	facebook.com/pg/fondamayora
Gourmet MX	Tostaditas de coco	Cárdenas Local F45, Atasta de Serra, Villahermosa	facebook.com/pg/Gourmet-MX
Guzina Oaxaca	Salsa martajada	Pdte. Masaryk 513, Polanco	guzinaoaxaca.com
Havre 77	Espárragos con huevo pochado	Havre 77, Juárez	facebook.com/Havre-77
Hot Dog Ramírez	Hot dog de mac and cheese	Zamora 174, Condesa	hotdogramirez.com
Huset	Tostada de huachinango	Colima 256, Roma Norte	huset.mx
Jacinta	Sopes de tuétano	Virgilio 40, Polanco	comedorjacinta.com
Jaleo	Selección de pintxos	Emilio Castelar 121, Polanco	jaleo.mx
L'Encanto de Lola	Torta de cheetos	Calle de la Amargura 14, San Ángel	encantodelola.tumblr.com
La Barraca Valenciana	Torta de calamar	Centenario No. 91-C, Coyoacán	labarracavalenciana.com
La Capital	Petrolera	Nuevo León 137, Condesa	lacapitalrestaurante.com
La Embajada (Mty)	Tacos de cantina	Batallón de San Patricio 1000, San Agustín, Monterrey	laembajada.mx
Lalo	Toast de aguacate	Zacatecas 173, Roma Norte	facebook.com/eatatlalo
Lampuga	Fideo seco	Ometusco 1, Condesa	lampuga.com.mx
Lardo	Pizza de chorizo y tomate	Agustín Melgar 6, Condesa	lardo.mx
Limosneros	Flautas de flor de Jamaica	Allende 3, Centro Histórico	limosneros.com.mx
Lonches Bravo	Chicharrón en salsa verde con verdolagas	Río Sena 87, Cuauhtémoc	facebook.com/lonchesbravo
Lonches Bravo	Alioli de café	Río Sena 87, Cuauhtémoc	facebook.com/lonchesbravo
Lucas Local	Ceviche tatemado	Colima 65, Roma Norte	lucaslocal.com
Lur	Aguachile de callo	Pdte. Masaryk 86, Polanco	restaurantelur.com

RESTAURANTE	PLATILLO	DIRECCIÓN	PÁGINA WEB
Macelleria	Pizza diavola	Orizaba 127, Roma Norte	macelleria.com.mx
Máximo Bistrot	Ceniza de berenjena	Tonalá 133, Roma Norte	maximobistrot.com.mx
Merkavá	Coliflor rostizada	Ámsterdam 53, Condesa	bullandtank.com/merkava
Merkavá	Hummus gribenes	Amsterdam 53, Condesa	bullandtank.com/merkava
Mia Domenicca	Burrata con caviar de pobre y alcachofas	Durango 279, Roma Norte	miadomenicca.mx
Moyuelo	Chalupa de camarón confitado	Juárez 1914, Zona Esmeralda, Puebla	moyuelo.com.mx
Nicos	Sopa seca de natas	Cuitláhuac 3102, Clavería	nicosmexico.mx
Noso	Callo de hacha con salsa ponzu	Pdte. Masaryk 311, Polanco	noso.com.mx
Noso	Mantequilla con especias	Pdte. Masaryk 311, Polanco	noso.com.mx
Ojo de Agua	Huevos pochados	Citlaltépetl 23C, Cuauhtémoc	grupoojodeagua.com.mx
OK DF	Hamburguesa OK	Río Pánuco 23, Cuauhtémoc	hamburguesaokdf.com.mx
Paprika	Berenjena charmoula	Orizaba 115, Roma Norte	facebook.com/Paprika_df
Pizzería Grande Sorisso	Capellini bacon con parmesano	Rubén Darío 13, Bosque de Chapultepec	pizzeriagrande.com.mx
Platos de Cuchara	Tostada de chicharrón	Querétaro 225, Roma	platosdecuchara.com
Poleo	Tostada de aguachile	Ámsterdam 225, Hipódromo,	oleo.mx
Porco Rosso	Papas Montana	Mazatlán 148, Condesa	porcorossobbq.com
Quesería de mí	Mac and cheese	Alfonso Reyes 164, Condesa	queseriademi.mx
Quesería de mí	Mermelada	Alfonso Reyes 164, Condesa	queseriademi.mx
Road Griller	Philly cheese steak sandwich	Miguel de Cervantes Saavedra 161, Granada	roadgriller.com
Rulfo	Tacos de pastor	Campos Elíseos 204, Polanco	mexicocity.regency.hyatt.com/es/hotel/dining/rulfo.html
Rulfo	Salsa verde	Campos Elíseos 204, Polanco	mexicocity.regency.hyatt.com/es/hotel/dining/rulfo.html
Sagardi	Croquetas de ibérico	Pdte. Masaryk 183, Polanco	sagardi.com.mx
Soul La Roma	Hot dog Soul cheese and bacon	Tabasco 101, Roma Norte	soulmotorco.com/the-store
SUD 777	Crema de chicharrón	Blvd. de la Luz 777, Jardines del Pedregal	sud777.com.mx
Tandoor	Chicken Tikka Masala	Copérnico 156, Anzures	tandoor.com.mx
Teppan Grill	Salsa de ajonjolí	Campos Elíseos 204, Polanco	mexicocity.regency.hyatt.com/es/hotel/dining/teppan-grill.html
Yuban	Molotito de chorizo y papa	Colima 268, Roma Norte	yuban.mx